이것만 알자!

KB070145

비상은 모두가 즐거운 배움의 길을 만듭니다.

배움이 필요한 모든 이들이 그 한계를 넘어설 수 있도록
비상은 더 넓은 세상을 향한 첫 걸음을 응원합니다.

한국에서의 전형 창출을 넘어 세계 교육의 패러다임을
바꾸겠다는 비상은 모든 이의 혁신적 성장에 기여합니다.

교육 문화의 질서와 유기적 융합을 추구하는 비상은
새로운 미래 세대의 행복한 경험과 성장에 기여합니다.

상상 그 이상 ─────────

이것만 알자!

초등 사회

6 학년

이것만 알자!

특징

See

개념을 읽는 게 아니라
보면서 익힐 수 있게
시각적으로
만들었어요.

Easy

초등 6학년에서
알아야 할 **사회 개념**
58개만 뽑아
쉽게 알 수 있어요.

Fun

재미있는 퀴즈나
게임 형식의 문제로
놀이처럼 즐기면서
개념을 확인할 수 있어요.

Link

중학교와 초등학교의
연결고리를 찾고,
연계된 중학교 개념을
미리 볼 수 있어요.

 구성

하나. 쉽고 재미있게 개념 공부하기

1 단원 도입

숨은 그림 찾기 활동이에요. 활동을 하며 단원 내용을 미리 살펴봐요.

2 개념 학습

재미있는 개념 제목과 초등과 중등 개념 연결고리도 넣었어요.

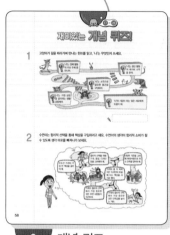

3 개념 퀴즈

공부한 개념을 퀴즈 또는 게임 형식으로 즐기면서 확인해요.

둘. 개념 잡는 문제 풀고 중학교 개념까지 엿보기

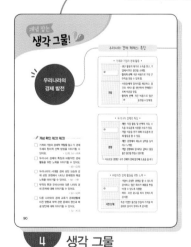

4 생각 그물

빈칸을 채우며 개념 확인하고 잘 이해했는지 확인해요.

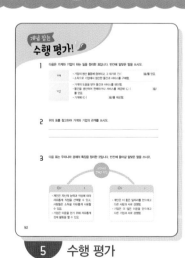

5 수행 평가

답을 쓰며 개념 평가하고 실력을 점검해요.

6 중학교 개념

초등과 연결된 중등 개념을 엿보며 사회에 대한 흥미와 자신감을 키워요.

특별 부록 　[용어 찾아보기] 모르는 용어를 찾아요!　　[단원 평가] 잘 공부했는지 확인해요!

차례

초등 6학년에서 꼭 알아야 할 사회 개념 58개를 확인해요.

해수니와 해다리의
신나는 여행이야기

작은 섬마을에 호기심 대왕 '해수니'와 그의 단짝 친구 '해다리'가 살고 있었어요.

더 큰 세상을 경험하기 위해 두 친구는 직접 산과 들, 도시 곳곳을 누비기로 했어요.

새로운 세상을 여행하게 된 해수니와 해다리에게 어떤 세상이 펼쳐질까요?

이름: 해수니
성격: 호기심이 많고 긍정적이다.
특기: 수영, 길 찾기
취미: 여행하기

이름: 해다리
성격: 엉뚱하지만 똘똘하다.
특기: 수영(특히, 배영), 주변 살피기
취미: 조개잡이

1

우리나라의 정치 발전

민주주의를 지킨 시민들,
4·19 혁명

4·19 혁명(1960년)의 과정

*정부통령 선거: 대통령과 부통령을 함께 뽑는 선거.

우리나라의 첫 번째 대통령인 이승만은 헌법을 바꿔 가며 계속 대통령이 되어 독재 정치와 부정부패를 했어요. 그런데 이승만 정부는 1960년 3월 15일 *정부통령 선거에서 이기기 위해 부정 선거를 저질렀어요. 그래서 시민들과 학생들은 ☆ 이승만 정부의 독재 정치와 3·15 부정 선거로 짓밟힌 민주주의를 바로 세우고자 4·19 혁명을 일으켰어요.

다음 사진은 4·19 혁명이 일어난 과정을 정리한 것이에요.

이때 시위에 참여했다가 실종된
김주열 학생이 마산 앞바다에서
발견되자 시위는 더욱
확산됐어요.

3·15 부정 선거

1 이승만 정부의 부정부패에 대항해 대구에서 학생들의 시위가 일어났어요.

2 1960년 3월 15일, 이승만 정부는 계획했던 부정 선거를 실행했고, 그 결과 선거에서 이겼어요.

3 마산에서 3·15 부정 선거를 비판하는 시위가 일어났고, 많은 시민과 학생들이 경찰의 폭력적인 진압으로 죽거나 다치는 일이 일어났어요.

3·15 부정 선거

이승만 정부는 1960년 3월 15일 정부통령 선거에서 유권자에게 돈이나 물건을 주는 방법, 투표한 용지를 태워 없애거나 조작된 투표용지를 넣은 투표함으로 바꾸는 방법을 동원해 선거에 이겼어요. 이러한 3·15 부정 선거는 4·19 혁명의 배경이 되었답니다.

돈을 받았으니 이승만
정부에 투표해야지.

조작된
투표함으로 바꿔야지.

4 4월 19일, 각계각층의 시민이 참여하는 전국 시위로 확대됐어요.

정부는 마산 사건을 책임져라.

3·15 선거는 부정 선거이다.

시민들은 3·15 부정 선거를 바로 잡고 독재를 막으려고 했으며, 민주주의를 바로 세우기 위해서 시위에 참여했어.

시위 무력 진압

이승만 대통령 하야

5 대학교수들이 학생들을 지지하며 정부에 항의했어요.

6 시위가 거세지자 이승만은 대통령 자리에서 물러났고, 3·15 부정 선거는 무효가 되었어요.

7 시민들은 질서를 지키면서 사회 혼란을 바로잡으려고 노력했어요.

4·19 혁명 이후 국민들은 올바른 민주주의 사회를 만들려고 노력했어요. 그 결과 재선거가 실시되었고, 새로운 정부가 세워졌답니다.

4·19 혁명의 의의

4·19 혁명 과정에서 많은 시민과 학생들이 희생되어 민주주의에 대한 국민들의 관심이 높아졌어요. ⭐ 4·19 혁명을 계기로 민주적인 절차와 과정을 무시하고 들어선 정권은 국민 스스로 바로잡아야 한다는 교훈을 얻게 되었답니다.

▲ 국립 4·19 민주 묘지(서울특별시 강북구)

민주주의를 지킨 시민들,
5·18 민주화 운동

4·19 혁명 이후 국민은 민주적인 사회를 기대하고 있었어요. 그러나 새로운 정부가 들어선지 1년도 되지 않아 박정희가 군인을 동원해 정권을 잡고 또 독재 정치를 했어요. 독재 정치를 반대하는 대규모 시위가 일어나는 혼란한 상황에서 박정희가 살해되자, 국민은 민주주의 사회를 기대했어요. 그러나 전두환이 중심이 된 군인들은 국민의 기대를 무너뜨리고 민주화 운동을 탄압했어요. 박정희와 전두환이 민주주의를 어떻게 탄압했는지 살펴보고, 시민들이 일으킨 5·18 민주화 운동의 과정을 알아볼까요?

5·18 민주화 운동 이전의 민주주의 탄압 과정

5·16 *군사 정변(1961년)
4·19 혁명 이후 박정희는 군인들을 동원해 정권을 잡았어요.

→ 박정희는 계속 대통령을 하려고 헌법을 바꿔 대통령을 세 번까지 할 수 있도록 했어요.

→ *유신 헌법(1972년 10월)
박정희는 헌법을 또 바꿔 대통령을 할 수 있는 횟수를 제한하지 않았으며, 대통령 *직선제를 *간선제로 바꿨어요.

혼란스러운 상황에서 박정희는 부하에게 살해되었어요.

← 박정희 정부는 독재 정치를 더 심하게 했고, 1979년에는 이에 반대하는 대규모 시위가 있었어요.

전두환이 중심이 된 군인들이 또 정변을 일으켰어요.

이때부터 전두환 중심으로 정치가 시작돼요.

→ 시민들은 이전 헌법을 새로 고치고 국민 투표로 새 정부를 세울 것을 요구하며 전국적으로 시위를 벌여 나갔어요.

→ 정변을 일으킨 군인들은 이러한 요구를 무시하고 국민을 탄압했어요.

---

*군사 정변(쿠데타): 군인들이 힘을 앞세워 정권을 잡는 행위.
*직선제: 국민이 직접 대표를 뽑는 선거 제도.
*간선제: 일정 수의 선거인단을 구성해 이들에게 대표자를 뽑게 하는 선거 제도.

*유신: 낡은 제도를 새롭게 고침.
*서거: 죽어서 세상을 떠남.

5·18 민주화 운동(1980년)

전개 과정

전라남도 광주에서 대규모 민주화 시위가 일어나자 전두환은 시위를 진압할 *계엄군을 광주에 보냈고, 이들은 시민들과 학생들을 향해 총을 쏘며 폭력적으로 시위를 진압했어요.

많은 사람이 다치거나 죽었고, 분노한 시민들은 *시민군을 만들어 군인들에게 대항했어요.

*계엄군: 전쟁이나 내란 등 국가의 비상사태가 일어났을 때, 전국 또는 일부 지역을 경계하는 임무를 맡은 군대.
*시민군: 시민들이 스스로 조직한 군대.

결과

계엄군은 시위를 이끌던 사람들이 모여 있던 전라남도청을 공격해 이들을 강제로 진압했고, 이 과정에서 수많은 사람이 희생되었어요.

5·18 민주화 운동의 의의

5·18 민주화 운동은 부당한 정권에 맞서 민주주의를 지키려는 시민들과 학생들의 의지를 보여 주었어요. 또, ☆ 우리나라의 민주주의 발전에 밑거름이 되었으며, 세계 여러 나라의 민주화 운동에 영향을 주었죠. 이러한 학생들과 시민들의 노력을 기억하기 위해 정부에서는 5·18 민주화 운동이 일어난 5월 18일을 국가 기념일로 지정했답니다.

> 5·18 민주화 운동 기록물은 2011년에 유네스코 세계 기록 유산으로 등재되었어요.

▲ 국립 5·18 민주 묘지 추모탑

▲ 5·18 민주화 운동 기록물

광주 시민들과 학생들이 5·18 민주화 운동 중에 한 노력

전두환은 전라남도 광주에서 일어난 일이 신문이나 방송으로 알려지는 것을 막았기 때문에 광주 시민들과 학생들은 계엄군이 광주에서 저지른 만행을 외부에 알리려고 노력했어요. 또, 정부와 계엄군에게 시위 중 잡혀간 사람들을 풀어 줄 것과 계엄군이 물러날 것을 요구했답니다. 시민들 스스로 광주 시내의 질서를 지키려고 힘썼으며, 어려움에 처한 이웃을 서로 돕는 등 힘든 상황을 함께 헤쳐 나가려고 노력했어요.

재미있는 개념 퀴즈!

1 다음 대화를 읽고, ㉠, ㉡, ㉢에 들어갈 숫자를 더해 알맞은 답을 쓰세요.

> 이승만 정부가 정부통령 선거에서 이기려고 계획했던 ㉡ · ㉢ 부정 선거가 배경이 되어 일어났어요.

> ㉠ · 19 혁명은 왜 일어났을까요?

> 이승만 정부가 독재 정치를 했기 때문이에요.

> 부정 선거 때 조작된 투표용지를 넣어 투표함을 바꾸기도 했어요.

2 박물관에서 4·19 혁명의 과정을 보여 주는 전시회가 열렸어요. 잘못 전시된 사진과 내용을 찾아 번호를 쓰세요.

4·19 혁명의 과정

| ❶ 마산에서 부정 선거를 비판하는 시위가 일어났음. | ❷ 4월 19일, 전국에서 많은 시민과 학생들이 시위에 참여했음. | ❸ 이승만이 대통령 직선제를 간선제로 바꿨음. | ❹ 이승만이 대통령 자리에서 물러났음. | ❺ 시민들은 사회 혼란을 바로잡으려고 노력했음. |

3 5·18 민주화 운동에 대해 바르게 설명한 내용의 번호를 아래 빙고 판에서 찾아 모두 ○표 하고, 완성된 빙고가 몇 줄인지 빈칸에 쓰세요.

1 전두환이 중심이 된 군인들이 정변을 일으켜서 발생했어요.

2 시민들이 국민 투표로 새 정부를 세울 것을 요구하자, 군인들은 이를 받아들였어요.

3 계엄군은 비폭력적인 방법으로 시민들과 학생들의 시위를 진압했어요.

4 분노한 시민들은 시민군을 만들어 군인들에게 대항했어요.

5 계엄군은 시위를 하던 사람들이 모여 있던 전라남도청을 공격해 이들을 강제로 진압했어요.

6 시민들은 어려움에 처한 이웃을 무시하고 도와주지 않았어요.

7 당시 국민들은 광주에서 일어난 5·18 민주화 운동을 잘 몰랐어요.

8 세계 여러 나라의 민주화 운동에 영향을 받았어요.

9 시민들과 학생들의 민주화 노력을 기억하기 위해 5월 18일을 국가 기념일로 지정했어요.

가로, 세로, 대각선으로 나란히 놓인 숫자 3개를

모두 ○표 하면 빙고 1줄 완성!

줄

민주주의를 지킨 시민들,
6월 민주 항쟁

　전두환은 5·18 민주화 운동을 강제로 진압한 후 간선제로 대통령이 되었어요. 전두환 정부는 신문과 방송을 통제해 정부에 유리한 내용만 국민들에게 전하도록 해 국민들의 알 권리를 막았어요. 또, 민주주의를 요구하는 사람들을 탄압했고, 직선제 내용이 포함되도록 헌법을 바꿔야 한다는 국민의 요구를 받아들이지 않겠다고 했어요. ☆ 이에 시민들은 정부에 독재 정치 반대와 대통령 직선제 실시를 요구하며 6월 민주 항쟁을 일으켰어요.

　다음은 사진과 함께 6월 민주 항쟁 과정을 정리한 것이에요.

6월 민주 항쟁(1987년)의 과정

 »  »  »

1 민주화 운동에 참여했던 대학생 박종철이 강제로 경찰에 끌려가 고문받다가 사망하는 사건이 발생했어요.

2 시민들과 학생들은 이 사실을 숨기던 정부에 고문을 금지할 것과 책임자를 처벌할 것을 요구했어요.

3 전두환 정부는 직선제 내용이 포함되도록 헌법을 바꿔야 한다는 국민의 요구를 받아들이지 않겠다고 발표했어요.

6·29 민주화 선언 주요 내용

6·29 민주화 선언은 대통령 직선제, 언론의 자유 보장, 지방 자치제 시행, 지역감정 없애기 등의 내용을 담고 있어요. 6월 민주 항쟁 이후 헌법을 개정하거나 법을 새롭게 만들어 이러한 내용을 실천해 나갔어요.

▲ 대통령 직선제

▲ 언론의 자유 보장

▲ 지방 자치제 시행

4 시위가 이어졌고 이 과정에서 경찰이 쏜 최루탄에 대학생 이한열이 맞아 사망했어요.

5 1987년 6월, 시민들과 학생들은 전두환 정부의 독재에 반대하고 대통령 직선제를 요구하며 전국 곳곳에서 시위를 벌였어요.

6 결국 당시 여당 대표는 직선제를 포함한 민주화 요구를 받아들이겠다는 6·29 민주화 선언을 발표했어요.

국민들은 불법적으로 잡은 권력을 유지하고자 민주주의를 탄압했던 정권에 맞서 싸워 승리했어요.

6월 민주 항쟁의 의의

6월 민주 항쟁은 우리 사회 여러 분야에서 민주적인 제도를 만들고 그것을 실천해 나갈 수 있게 한 중요한 사건이었어요. 이 항쟁을 통해 ☆ 대통령 직선제 등의 제도를 만들어 민주주의의 기초를 마련했어요.

6월 민주 항쟁 이후, 민주화 과정은?
시민들의 정치 참여 활동 확대

1987년
6월 민주 항쟁,
대통령 직선제 시행

1991년
지방 자치제 부활
(지방 의회 선거)

1995년
지방 자치제 정착
(지방 의회 의원,
지방 자치 단체장
선거)

2007년 5월
주민 소환제 시행
(지방 의회 의원,
지방 자치 단체장
대상)

대통령 직선제

☆ '대통령 직선제'는 대통령을 국민이 직접 선거로 뽑는 방식을 말해요. 6월 민주 항쟁의 결과로 6·29 민주화 선언이 발표됨에 따라 1987년 제13대 대통령 선거가 직선제로 시행되었답니다. 이것은 시민과 학생들이 군사 독재를 끝내고 민주화를 이루고자 노력한 결과로, 오늘날까지 계속 시행되고 있어요.

지방 자치제

☆ '지방 자치제'는 지역의 주민이 직접 선출한 지방 의회 의원과 지방 자치 단체장이 그 지역의 일을 처리하는 제도를 말해요. 지방 자치제는 1991년 지방 의회 선거에서 구성되었으며, 1995년 지방 의회 의원 선거, 지방 자치 단체장 선거가 치러지면서 완전히 자리 잡게 되었어요. 지방 자치제를 실시해 주민들은 지역의 문제를 스스로 해결하려고 의견을 제시하고, 지역의 대표들은 주민들의 의견을 수렴해 여러 가지 문제를 민주적으로 해결하고 있답니다.

주민 소환제

☆ '주민 소환제'는 주민이 직접 선출한 의원이나 단체장이 직무를 잘 수행하지 못했을 때 주민들이 투표로 그들을 자리에서 물러나게 하는 제도예요. 우리나라는 2007년 5월부터 지방 의회 의원과 지방 자치 단체장을 대상으로 시행하고 있어요.

오늘날, 사회 공동의 문제는?
시민들이 참여하여 해결

☆ 오늘날 시민들은 사회 공동의 문제를 평화적이고 민주적인 방법으로 해결하고 있어요. 이에 따라 더 많은 시민이 사회 공동의 문제를 해결하는 데 참여하게 되었어요.

다음은 오늘날 시민들이 해결하는 방식이에요.

▲ 캠페인

▲ 서명 운동

▲ 1인 시위

▲ 누리 소통망 서비스(SNS)에 의견 올리기

▲ 선거나 투표에 참여

▲ *공청회 참석

*공청회: 정책 결정 전에 관련된 사람들과 전문가의 의견을 듣는 공개 회의.

▼ 촛불 집회와 같은 대규모 집회

▲ 정당 활동

▲ 시민 단체 활동

재미있는 개념 퀴즈!

1 6월 민주 항쟁을 주제로 한 영화를 찍으려고 해요. 대본을 6월 민주 항쟁이 일어난 순서대로 나열하여 기호를 쓰세요.

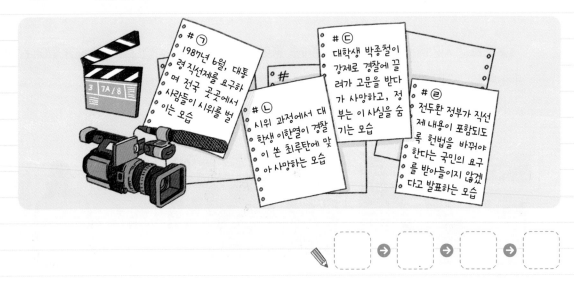

㉠
1987년 6월, 대통령 직선제를 요구하며 전국 곳곳에서 사람들이 시위를 벌이는 모습

㉡
대학생 박종철이 강제로 경찰에 끌려가 고문을 받다가 사망하고, 정부는 이 사실을 숨기는 모습

㉢
시위 과정에서 대학생 이한열이 경찰이 쏜 최루탄에 맞아 사망하는 모습

㉣
전두환 정부가 직선제 내용이 포함되도록 헌법을 바꾸야 한다는 국민의 요구를 받아들이지 않겠다고 발표하는 모습

☐ → ☐ → ☐ → ☐

2 6월 민주 항쟁의 결과로 발표한 선언의 내용 일부가 암호로 적혀 있어요. 암호 풀이표를 보고 암호를 풀어 ㉠과 ㉡에 들어갈 알맞은 말을 쓰세요.

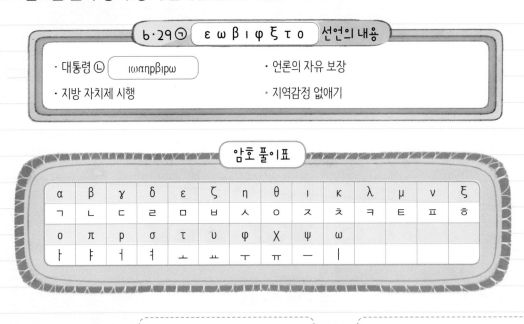

6·29 ㉠ ε ω β ι φ ξ τ ο 선언의 내용

· 대통령 ㉡ [ιωαηρβιρω]   · 언론의 자유 보장
· 지방 자치제 시행   · 지역감정 없애기

암호 풀이표

α	β	γ	δ	ε	ζ	η	θ	ι	κ	λ	μ	ν	ξ
ㄱ	ㄴ	ㄷ	ㄹ	ㅁ	ㅂ	ㅅ	ㅇ	ㅈ	ㅊ	ㅋ	ㅌ	ㅍ	ㅎ
ο	π	ρ	σ	τ	υ	φ	χ	ψ	ω				
ㅏ	ㅑ	ㅓ	ㅕ	ㅗ	ㅛ	ㅜ	ㅠ	ㅡ	ㅣ				

✏️ ㉠: ☐, ㉡: ☐

3 세정이네 반에서는 6월 민주 항쟁 이후의 민주주의 제도와 의미가 맞는 친구끼리 짝을 하기로 정했어요. 바르게 짝 지어 앉은 친구들은 몇 번인지 번호를 쓰세요.

4 오늘날 시민들의 사회 공동 문제 해결에 참여하는 방식이 적힌 보석만 꿰어 팔찌를 만들려고 해요. 팔찌를 잘못 만든 어린이는 누구인지 쓰세요.

정치란? 문제를 해결해 가는 과정!

사람들이 함께 살아가다 보면 여러 가지 문제가 생길 수 있어요. 이러한 ☆ 갈등이나 대립을 조정하고 많은 사람에게 영향을 끼치는 공동의 문제를 해결해 가는 활동을 '정치'라고 해요. 다음은 생활 속에서 찾아볼 수 있는 정치의 모습이에요.

생활 속 정치의 사례

▲ 가정에서

▲ 학급에서

▲ 학교에서

▲ 지역에서

민주주의는? 국민이 주인!

민주주의의 의미

오늘날에는 모든 사람이 신분이나 재산, 성별 등과 관계없이 사회 공동의 문제를 해결하는 과정에 참여할 수 있게 되었어요. 이처럼 ☆ 모든 국민이 나라의 주인으로서 권리를 갖고, 그 권리를 자유롭고 평등하게 행사하는 정치 제도를 '민주주의'라고 해요.

다음은 민주주의의 다양한 사례예요.

▲ 학생 자치회

▲ 주민 자치회

▲ 지방 의회

민주주의의 기본 정신

인간의 존엄

우리 모두는 인간으로서 소중한 가치를 지니고 있기 때문에 태어날 때부터 존중받을 권리가 있어요.

모든 사람이 태어나는 순간부터 인간으로서 존엄과 가치를 존중받아야 함.

자유

가고 싶은 곳은 어디나 갈 수 있는 자유가 있어요.

국가나 다른 사람들에게 구속받지 않고 자신의 의사를 스스로 결정할 수 있는 자유를 인정받아야 함.

평등

책은 누구나 똑같이 일주일에 다섯 권씩만 빌릴 수 있어요.

신분, 재산, 성별, 인종 등에 따라 부당하게 차별받지 않고 평등하게 대우받아야 함.

선거 원칙은? 보통·평등·직접·비밀

오늘날에는 모든 사람이 한자리에 모여 지역의 중요한 일을 결정하기가 어려워요. 그래서 자신의 뜻을 전달할 대표자를 뽑아 그 사람들에게 자신의 생각을 전달하게 하죠. ☆ 국민이 자신들을 대표할 사람을 직접 뽑는 선거는 민주주의의 기본이에요. 민주주의 사회에서는 공정한 선거를 위해 다음 민주 선거의 기본 원칙에 따라 투표가 이루어지고 있어요.

민주 선거의 기본 원칙

보통 선거 선거일을 기준으로 만 19세 이상의 국민이면 누구나 투표할 수 있어요.

평등 선거 누구나 한 사람이 한 표씩만 행사할 수 있어요.

직접 선거 투표는 내가 직접 해야 해요.

비밀 선거 누구에게 투표했는지 다른 사람이 알 수 없어요.

🌸 여기서 잠깐! **선거 관리 위원회가 하는 일**

선거와 국민 투표가 공정하게 이루어지도록 관리하는 독립된 기관은 선거 관리 위원회예요. 이 기관에서는 부정 선거가 일어나는지 감시하고 국민에게 선거에 관한 올바른 의식을 갖게 하는 교육을 한답니다.

민주주의 실천 태도는?
관용, 비판적 태도, 양보와 타협

☆ 일상생활에서 부딪히는 다양한 문제와 갈등을 해결하려면 대화와 토론을 바탕으로 관용과 비판적 태도, 양보와 타협하는 자세가 필요해요. 또 함께 결정한 일은 따르고 실천해야 한답니다.

다음 학급 회의를 하는 과정을 통해 민주주의를 실천하는 바람직한 태도를 살펴보세요.

학급 자리를 바꾸는 문제 때문에 갈등이 생겼어요. 이를 해결하기 위해 학급 회의를 열어 자리를 어떻게 정하면 좋을지 의논하기로 했어요. 학급 회의에서는 '키 순서로 앉자, 일찍 오는 순서로 앉자.' 등 다양한 의견이 제시되었답니다.

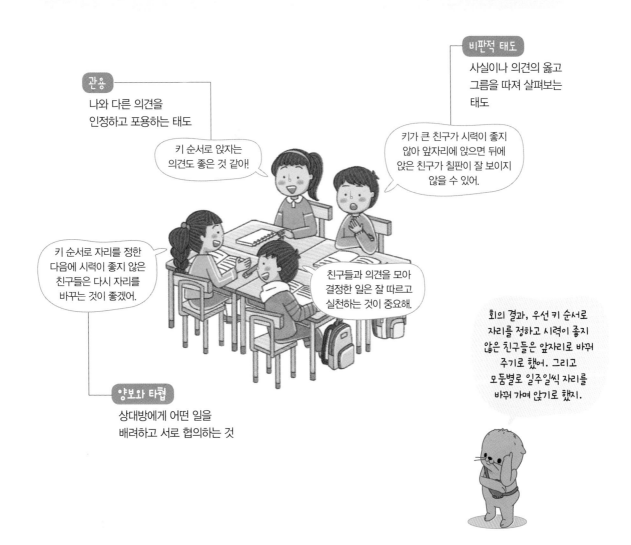

비판적 태도
사실이나 의견의 옳고 그름을 따져 살펴보는 태도

관용
나와 다른 의견을 인정하고 포용하는 태도

키 순서로 앉자는 의견도 좋은 것 같아!

키가 큰 친구가 시력이 좋지 않아 앞자리에 앉으면 뒤에 앉은 친구가 칠판이 잘 보이지 않을 수 있어.

키 순서로 자리를 정한 다음에 시력이 좋지 않은 친구들은 다시 자리를 바꾸는 것이 좋겠어.

친구들과 의견을 모아 결정한 일은 잘 따르고 실천하는 것이 중요해.

양보와 타협
상대방에게 어떤 일을 배려하고 서로 협의하는 것

회의 결과, 우선 키 순서로 자리를 정하고 시력이 좋지 않은 친구들은 앞자리로 바꿔 주기로 했어. 그리고 모둠별로 일주일씩 자리를 바꿔 가며 앉기로 했지.

민주적 의사 결정의 원리는?
양보와 타협, 다수결의 원칙

대화와 토론을 거쳐 양보와 타협으로 문제 해결하기

☆ 생활 속에서 발생한 문제는 대화와 토론을 거쳐 양보와 타협으로 해결할 수 있어요. 이는 문제를 해결하는 가장 좋은 방법이랍니다.

다음은 쓰레기 매립장 건설 문제로 열린 주민 회의에서 주민들이 대화와 토론을 거쳐 양보와 타협으로 해결하는 모습이에요.

다수결의 원칙으로 문제 해결하기

☆ '다수결의 원칙'이란 다수의 의견이 소수의 의견보다 합리적일 것이라고 가정하고 다수의 의견을 채택하는 방법이에요. 언제나 대화와 토론을 거쳐 양보와 타협에 이를 수는 없기 때문에 사람들은 다수결의 원칙으로 문제를 해결하기도 해요.

문제를 쉽고 빠르게 해결하기 위해서는 다수결의 원칙에 따라 문제를 해결할 수 있지만 소수의 의견도 존중해야 한답니다.

다음은 생활 속에서 찾아볼 수 있는 다수결의 원칙으로 문제를 해결하는 모습이에요.

다수결의 원칙을 사용하는 사례

▲ 일상생활에서의 의사 결정

▲ 선거로 대표 결정

▲ 학급 회의로 안건 결정

▲ 주민 회의로 안건 결정

민주적 의사 결정 원리에 따라 문제를 해결해 봐요.

소영이네 학교에서는 점심시간에 학교 운동장을 사용하는 문제를 다음과 같은 민주적 의사 결정 원리에 따라 원만하게 해결하였어요. 이처럼 학생들이 공동의 문제에 관심을 가지고, 민주적인 방법으로 문제를 해결하는 데 참여하고 실천하며 노력하면 학교에서 일어나는 문제를 해결할 수 있어요.

1 공동의 문제 확인

학교에서 일어나는 문제를 확인해요. 점심시간에 학교 운동장을 사용하는 것에 대한 문제점이 나타났어요.

2 문제 발생 원인 파악

학교에서 일어난 문제가 발생한 원인을 파악해요. 점심시간에 운동장을 사용하는 문제에 대한 원인은 다음과 같이 파악할 수 있어요.

28

3 문제 해결 방안 탐색

학생 자치 회의에 참석해 공동의 문제를 다른 학년 대표들과 의논해 해결하기로 했어요. 여러 가지 해결 방안의 장점과 단점이 무엇인지 다음과 같이 토론하고 가장 합리적인 방안을 찾아봐요.

4 문제 해결 방안 결정

학생들 사이에 대화와 토론으로 합의가 되지 않을 때는 다수결의 원칙을 활용해서 해결 방안을 정해요.

5 문제 해결 방안 실천

결정한 내용을 학생들에게 전달하여 잘 실천하도록 노력해요.

재미있는 개념 퀴즈!

1 선생님이 말씀하신 정치 제도의 기본 정신에 해당하는 구슬을 모두 뽑은 어린이는 누구인지 쓰세요.

2 태형이가 실수로 칠판에 적힌 민주 선거의 기본 원칙의 일부분을 지웠어요. 지워진 ㉠, ㉡ 부분에 들어갈 알맞은 말을 쓰세요.

✎ ㉠: [ ] , ㉡: [ ]

3 다음 글자표에서 좌표 (ㄱ, 1)은 '강'을 나타내요. 공책의 ⊙, ⓒ에 들어갈 알맞은 말을 글자 표에서 찾아 쓰세요.

🖉 ⊙: [＿＿＿＿＿＿＿] , ⓒ: [＿＿＿＿＿＿＿]

4 미현이네 반에서는 급식 문제를 해결하기 위해 다수의 의견을 채택했어요. 이와 같은 민주적 의사 결정 원리를 친구들의 옷에 적힌 글자에서 골라 쓰세요.

🖉 [＿][＿][＿] 의 원칙

 정답과 해설 4쪽

국민 주권이란?
국민이 나라의 일을 결정하는 권리

국민 주권의 뜻

☆ '주권'은 국민이 한 나라의 주인으로서 나라의 중요한 일을 스스로 결정하는 권리를 말해요.
다음과 같이 우리나라 헌법에서는 주권이 국민에게 있음을 분명히 하고 있으며, 이를 실현하려
고 국민의 자유와 권리를 법으로 보장하고 있어요. 또, 국민 주권을 지키려고 국회, 정부, 법원
등의 국가 기관이 서로 국가 권력을 나누어 행사하고 있답니다.

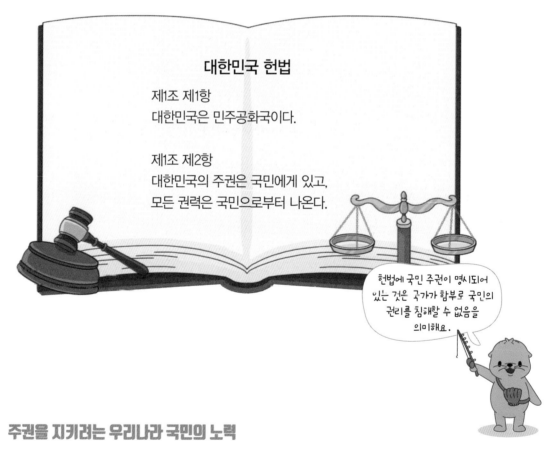

대한민국 헌법

제1조 제1항
대한민국은 민주공화국이다.

제1조 제2항
대한민국의 주권은 국민에게 있고,
모든 권력은 국민으로부터 나온다.

헌법에 국민 주권이 명시되어
있는 것은 국가가 함부로 국민의
권리를 침해할 수 없음을
의미해요.

주권을 지키려는 우리나라 국민의 노력

우리나라 정치 발전 과정에서 국민이 주권을 지키려는 노력은 4·19 혁명, 5·18 민주화 운동,
6월 민주 항쟁 등에서 찾아볼 수 있어요. 이처럼 국민의 권리를 보호받기 위해서 우리는 권리를
적극적으로 주장해야 하고, 국민의 권리는 우리가 꼭 지켜 내야 하는 소중한 것이므로 이를 지
키기 위해서는 끊임없이 노력해야 한답니다.

국회는? 입법, 예산 심의, 국정 감사를 해.

국회와 국회 의원

▲ 국회 의원이 일하는 국회 의사당

☆ '국회'는 국민의 대표인 국회 의원이 나라의 중요한 일을 의논하고 결정하는 곳이에요. 국회 의원은 국민이 선거로 선출한 국민의 대표로, 4년마다 선출해요.

국회에서 하는 일

입법

- 법을 만드는 일을 하며, 법을 고치거나 없애기도 함.
- 법은 민주주의 국가에서 일어나는 문제를 해결하는 기준이 되기 때문에 법을 만드는 일은 국회에서 하는 가장 중요한 일임.

예산 심의

- 나라의 살림에 필요한 예산을 *심의하여 확정하고, 이미 사용한 예산을 검토함.
- 예산의 대부분은 국민이 낸 세금으로 마련하기 때문에 국민의 대표인 국회 의원이 이를 확정함.

국정 감사

- 정부가 법에 따라 일을 잘하고 있는지 확인하려고 국정 감사를 함.
- 공무원에게 나랏일 가운데 궁금한 점을 질문하고, 잘못한 일이 있으면 바로잡도록 요구함.

*심의: 어떤 일을 토의하여 적절한가를 판단하는 일.

어린이 교통사고의 사례로 알아본 국회에서 하는 일

학교 주변에서 일어나는 어린이 교통사고를 줄이기 위해 국회 의원이 국회에서 다음과 같은 일을 할 수 있어요.

▲ 입법

▲ 예산 심의

▲ 국정 감사

33

정부는? 법에 따라 나라 살림을 해.

정부의 구성

☆ '정부'는 법에 따라 나라의 살림을 맡아 하는 곳을 말해요.
정부 조직에는 대통령을 중심으로 국무총리와
여러 개의 부, 처, 청, 위원회가 있답니다.
대통령은 5년마다 국민이 직접 뽑아요.

대통령이 일하는 청와대 ▶

우리나라의 정부 조직도

* 2018년 7월 기준

대통령	국무총리	행정 각 부	
대통령비서실	국무조정실	기획재정부	
국가안보실	국무총리비서실		국세청
대통령경호처	국가보훈처	교육부	관세청
국가정보원	인사혁신처	과학기술정보통신부	조달청
감사원	법제처	외교부	통계청
방송통신위원회	식품의약품안전처	통일부	
국가인권위원회	공정거래위원회	법무부	검찰청
	금융위원회	국방부	병무청
	국민권익위원회		방위사업청
	원자력안전위원회	행정안전부	경찰청
			소방청
		문화체육관광부	문화재청
		농림축산식품부	농촌진흥청
			산림청
		산업통상자원부	특허청
		보건복지부	
		환경부	기상청
		고용노동부	
		여성가족부	
		국토교통부	
			행정중심복합도시건설청
			새만금개발청
		해양수산부	해양경찰청
		중소벤처기업부	

대통령이 하는 일
• 외국에 대해 우리 나라를 대표함.
• 정부의 최고 책임자로 나라의 중요한 일을 결정함.

국무총리가 하는 일
• 대통령을 도와 각 부를 관리함.
• 대통령 부재시 대통령의 임무를 대신함.

'국무 회의'란 정부의 최고 심의 기관으로서 대통령, 국무총리, 국무 위원으로 구성되며 정부의 주요 정책을 심의해요.

각 부의 장관과 차관 그리고 많은 공무원이 하는 일
국민의 안전과 행복을 위해 여러 가지 일을 함.

▲ 대통령이 국무 총리, 각 부 장관을 모아 연 국무 회의

정부에서 하는 일

☆ 정부는 국민이 편리하고 행복한 생활을 하도록 해 줘요. 다음은 정부 조직도에 나타난 행정 각 부에서는 하는 일을 정리한 것이에요.

교육부 국민의 교육에 관한 일을 책임져요.

국방부 나라를 지키는 일을 해요.

식품의약품안전처 식품과 의약품 등의 안전을 책임져요.

소방청 국민의 생명과 재산을 보호해요.

보건복지부 국민의 건강을 책임지고 있어요.

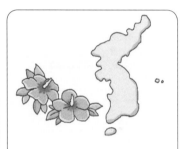

통일부 북한과 교류하고 통일을 위해 노력해요.

국토교통부 국토를 개발하는 일을 담당해요.

외교부 다른 나라와 협력할 수 있는 정책을 만들고 다른 나라에 있는 우리 국민을 보호하고 지원해요.

기상청 기상을 관측해 날씨를 알려 줘요.

문화재청
우리나라의 문화유산을 보호하고 관리해요.

법원은? 법에 따라 재판을 해.

법원

⭐ '법원'은 법에 따라 재판을 하는 곳이에요. 사람들은 다툼이 생기거나 억울한 일을 당했을 때 재판으로 문제를 해결해요.

▲ 우리나라 최고의 법원인 대법원

법원에서 하는 일

법원에서는 사람들 사이의 다툼을 해결해 주고, 법을 지키지 않은 사람을 처벌해요. 또, 개인과 국가, 지방 자치 단체 사이에서 생긴 갈등을 해결해 준답니다.

공정한 재판을 위한 제도

사법권의 독립 법원은 외부의 영향이나 간섭을 받지 않아야 함.

누구의 간섭도 안 돼.

법에 따른 재판 법관은 헌법과 법률에 따라 공정하게 판결을 내려야 함.

재판 공개 특정한 경우를 제외한 모든 재판의 과정과 결과를 공개해야 함.

재판 중에 조용히 해 주십시오.

죄송합니다.

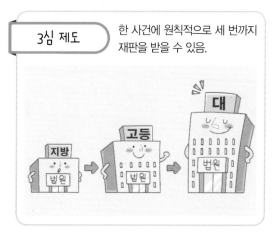

3심 제도 한 사건에 원칙적으로 세 번까지 재판을 받을 수 있음.

삼권 분립? 국회, 정부, 법원의 권력 분립!

*권력 분립: 국가 기관이 권력을 나누어 가지고 서로 감시하는 민주 정치의 원리.

한 사람이나 기관이 국가의 중요한 일을 결정하는 권한을 모두 가진다면, 그 권한을 마음대로 사용하거나 잘못된 결정을 할 수도 있어요. 그러면 국민의 자유와 권리는 보장되지 못하기 때문에 *권력 분립이 필요해요.

☆ 우리나라는 국가 권력을 국회, 정부, 법원이 나누어 맡는데, 이를 '삼권 분립'이라고 해요. 이는 한 기관이 국가의 중요한 일을 마음대로 처리할 수 없도록 서로 견제하고 균형을 이루게 하여 국민의 자유와 권리를 지키려는 것이랍니다.

국회(입법부)

국가를 다스리는 법을 만듦.

견제   견제

삼권 분립

정부(행정부)

법에 따라 국가 살림을 함.

견제

법원(사법부)

법에 따라 재판을 함.

갈등과 대립을 조정해! 민주 정치의 원리

민주 정치의 원리는 갈등과 대립을 조정하는 역할을 해요. ☆ 국회, 정부, 법원 등의 국가 기관은 국가의 주인인 국민의 자유와 권리를 보호하려고 국가의 일을 나누어 맡아 서로 견제와 균형을 유지해요.

다음은 전통 시장과 대형 할인점의 갈등 상황을 나타낸 신문 기사와 그 갈등 상황을 국가 기관이 나서서 해결하는 과정이에요.

○○신문   20△△년 △△월 △△일

전통 시장과 대형 할인점의 갈등

전통 시장에서 불과 200 m밖에 떨어지지 않은 곳에 대형 할인점이 들어섰다. 대형 할인점이 생긴 후, 전통 시장에는 사람들이 눈에 띄게 줄어들었다. 그러나 대형 할인점은 각종 기획 행사와 할인 행사로 북새통을 이뤘다. 결국 이 전통 시장의 전체 매출액은 절반으로 감소했다.

▲ 한산한 전통 시장

▲ 북적이는 대형 할인점

> 대형 할인점이 들어오면서 전통 시장 상인들의 생계가 어려워졌어.

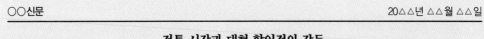
민주 정치의 원리를 적용하여 문제 해결하기

다음과 같은 해결 과정을 보면 전통 시장과 대형 할인점의 갈등 해결을 위한 국가 기관의 역할과 대형 할인점이 휴무일을 정해 쉬게 된 까닭을 알 수 있어요.

1 대형 할인점이 들어오면서 생계가 어려워진 전통 시장 상인들은 대형 할인점의 입점을 취소해 달라고 요구했어요.

2 이런 소식이 언론에 전해지자 전통 시장을 보호해야 한다는 여론이 형성되었고, 2009년 국회에서 공청회가 열렸어요.

3 정부는 대형 할인점에 대한 규제가 기업의 영업을 방해하고 소비자에게 불편을 줄 수 있어 신중한 태도를 취했어요.

4 국회는 *대정부 질문에서 전통 시장을 보호하는 법이 필요하다며 정부를 견제했어요.

전통 시장 상인을 보호하는 법안이 통과되었음을 알립니다.

5 마침내 국회에서는 전통 시장 상인들을 보호하는 법을 만들었어요.

대형 할인점 관련 조례 제정

대형 할인점의 영업시간을 제한합시다.

6 지방 의회는 이 법으로 대형 할인점의 위치와 영업시간을 제한하는 *조례를 제정할 수 있게 되었어요.

7 대형 할인점에서는 이 법에 따른 제한 조치가 영업 활동에 해를 끼친다고 *소송을 제기했어요.

8 헌법 재판소는 전통 시장 상인들을 보호하는 이 조치가 옳다고 판결했어요.

*대정부 질문: 국회 의원이 정부에 국정의 문제점을 제기하는 제도.
*조례: 지역의 일을 처리하려고 지방 자치 단체가 만드는 법.
*소송: 재판으로 판결을 내려 줄 것을 법원에 요구하는 제도.

국민의 자유와 권리를 보호하려고 국가 기관이 하는 일은 우리 생활과 밀접하게 관련되어 있구나.

재미있는 개념 퀴즈!

1 탐정들에게 국회에서 하는 일에 대한 조사를 의뢰했어요. 조사를 잘못한 탐정의 이름을 쓰세요.

2 슬기의 방에 있는 학용품 중 정부에서 하는 일이 바르게 적힌 물건에 동그라미 치세요.

40

3 법원 도서관에 들어가려고 하는데 비밀번호 뒷부분을 잊어버렸어요. 법원과 관련된 바른 설명이 적힌 카드의 번호를 순서대로 쓰면 비밀번호를 완성할 수 있어요. 빈칸에 들어갈 비밀번호를 쓰세요.

> **2** 법원은 사람들 사이의 다툼을 해결해 줘요.

> **3** 법관은 개인적인 의견에 따라 판결을 내려야 해요.

> **5** 국민은 한 사건에 원칙적으로 두 번까지 재판을 받을 수 있어요.

> **8** 우리나라는 특정한 경우를 제외한 모든 재판의 과정과 결과를 공개해야 해요.

 14 ☐ ☐

4 삼권 분립에 대한 설명이 바르게 적혀 있는 카드를 모두 골라 보세요. 고른 카드에 그려져 있는 음표의 박자를 더하면 몇 박자인지 쓰세요.

우리나라의 삼권 분립은 국회, 정부, 선거 관리 위원회가 국가 권력을 나누어 맡는 것을 말해요.

삼권 분립을 하는 까닭은 각 기관이 서로 견제하고 균형을 이루게 하여 국민의 자유와 권리를 지키기 위해서예요.

권력을 가지고 있는 국가 기관 중 국회는 국가를 다스리는 법을 만들어요.

권력을 가지고 있는 국가 기관 중 정부는 법에 따라 국가 살림을 해요.

 박자

개념 잡는
생각 그물!

우리나라의 정치 발전

민주주의의 발전과 시민 참여

• 우리나라 민주주의의 발전 과정 •

4·19 혁명	이승만 정부의 독재와 3·15 [❶] → 시민들과 학생들의 시위 → 재선거를 통한 새로운 정부 수립
[❷] 운동	전두환 중심의 군인들이 정변을 일으킴. → 전라남도 광주에서 대규모 민주화 시위가 일어남.
6월 민주 항쟁	전두환 정부의 독재 정치 → 학생들과 시민들이 대통령 [❸]를 요구하며 시위를 벌임. → 6·29 민주화 선언
6월 민주 항쟁 이후	대통령 직선제, 지방 자치제, 주민 소환제 등 실시

 ▲ 4·19 혁명

 ▲ 5·18 민주화 운동

▲ 6월 민주 항쟁

▲ 대통령 직선제

개념 확인 체크! 체크!

☐ 우리나라의 민주주의의 발전 과정과 오늘날 시민들이 사회 공동의 문제 해결에 참여하는 모습을 이야기할 수 있어요.
　　　　　• 10~13쪽, 16~19쪽

☐ 정치와 민주주의에 대해 파악하고, 이를 실천하는 태도를 이야기할 수 있어요.
　　　　　• 22~29쪽

☐ 국민 주권의 뜻과 국회, 정부, 법원에서 하는 일을 이야기할 수 있어요. • 32~36쪽

☐ 우리나라의 삼권 분립을 이야기할 수 있어요.
　　　　　• 37쪽

• 오늘날 시민들이 사회 공동의 문제 해결에 참여하는 모습 •

· 캠페인　　　　　· 서명 운동
· 공청회 참석　　　· 1인 시위
· 선거나 투표에 참여　· 정당이나 시민 단체 활동
· 촛불 집회와 같은 대규모 집회
· 누리 소통망 서비스(SNS)에 의견 올리기

일상생활과 민주주의

• 정치 •

뜻	갈등이나 대립을 조정하고 많은 사람에게 영향을 끼치는 공동의 문제를 해결해 가는 활동
사례	가족 회의, 학급 회의, 전교 임원 회의, 주민 회의 등

• 민주주의 •

뜻	모든 국민이 나라의 주인으로서 권리를 갖고, 그 권리를 자유롭고 평등하게 행사하는 정치 제도
사례	학생 자치회, 시민 공청회 등
기본 정신	인간의 ④ [ ], 자유, 평등
민주 선거의 기본 원칙	보통 선거, ⑤ [ ] 선거, 직접 선거, 비밀 선거
민주주의를 실천하는 바람직한 태도	관용, 비판적 태도, 양보와 타협, 실천 → 일상생활에서 부딪치는 다양한 문제와 갈등 해결

▲ 학생 자치회

▲ 시민 공청회

• 민주적 의사 결정 원리 •

원리	대화와 토론을 거친 양보와 타협, ⑥ [ ]의 원칙, 소수 의견 존중
문제 해결 과정	공동의 문제 확인 → 문제 발생 원인 파악 → 문제 해결 방안 탐색 → 문제 해결 방안 결정 → 문제 해결 방안 실천

민주 정치의 원리와 국가 기관의 역할

• 국민 주권의 뜻 •

국민이 한 나라의 ⑦ [ ]으로서 나라의 중요한 일을 스스로 결정하는 권리를 말합니다.

• 국회, 정부, 법원에서 하는 일 •

⑧ [ ]	·법을 만들고, 고치거나 없애기도 함. ·나라 살림에 필요한 예산을 심의하여 확정함. ·정부가 법에 따라 일을 잘하고 있는지 확인하려고 국정 감사를 함.
정부	·법에 따라 나라의 살림을 맡아 함. ·국무 회의에서 정책을 심의함. ·정부 조직: 대통령, 국무총리, 여러 개의 부·처·청·위원회
법원	·법에 따라 재판을 함. ·공정한 재판을 하기 위한 제도: ⑨ [ ]의 독립, 법률에 따른 재판, 재판 공개, 3심 제도

• 권력 분립과 삼권 분립 •

뜻	국가 기관(국회, 정부, 법원)이 권력을 나누어 가지고 서로 감시하는 민주 정치의 원리
목적	국민의 자유와 ⑩ [ ] 보장을 위해서

● 정답과 해설 4쪽

1~3 다음은 우리나라의 민주주의 발전 과정에서 일어난 사건들입니다. 물음에 답하시오.

(가)

▲ 6월 민주 항쟁

(나)

▲ 5·18 민주화 운동

(다)

▲ 4·19 혁명

1 위 (가)~(다)의 사건들이 일어난 순서대로 기호를 쓰시오.

(→   →   )

2 위 (가)~(다)의 사건이 일어난 배경을 각각 쓰시오.

(가) 6월 민주 항쟁

(나) 5·18 민주화 운동

(다) 4·19 혁명

3 위 (가)~(다) 사건의 공통점을 두 가지 쓰시오.

4 다음 밑줄 친 '이 제도'의 명칭을 쓰고, 그 뜻을 쓰시오.

> 1991년에 지방 의회가 구성되었고, 1995년에 지방 의회 의원 선거와 함께 지방 자치 단체장 선거가 치러지면서 이 제도가 완전하게 자리 잡게 되었습니다.

(1) 제도: (   )

(2) 뜻: _____

_____

5 민주주의의 기본 정신을 정리한 표입니다. ㉠~㉢에 들어갈 알맞은 정신을 쓰시오.

㉠ ( )	㉡ ( )	㉢ ( )
모든 사람이 태어나는 순간부터 인간으로서 존엄과 가치를 존중받아야 함.	국가나 다른 사람들에게 구속받지 않고 자신의 의사를 스스로 결정할 수 있음.	신분, 재산, 성별, 인종 등에 따라 부당하게 차별받지 않고 평등하게 대우받아야 함.

6 위 5번의 민주주의 기본 정신을 바탕으로 민주주의의 뜻을 쓰시오.

_____

_____

7 다음은 민주 선거의 기본 원칙을 정리한 표입니다. ㉠~㉢에 들어갈 알맞은 내용을 쓰시오.

보통 선거	선거일 기준으로 만 ㉠(　　　　　)세 이상의 국민이면 누구나 투표할 수 있음.
㉡(　　　　)선거	누구나 한 사람이 한 표씩만 행사할 수 있음.
㉢(　　　　)선거	투표는 자신이 직접 해야 함.
비밀 선거	누구에게 투표했는지 다른 사람이 알 수 없음.

8~9 다음 그림을 보고, 물음에 답하시오.

▲ 선거로 대표 결정　　　　　▲ 학급 회의로 안건 결정

8 위 그림에서 공통으로 나타난 민주적 의사 결정 원리는 무엇인지 쓰시오.

(　　　　　　　　　　)

9 위 8번 답을 사용할 때 주의해야 할 점을 쓰시오.

10~12 다음 자료를 보고, 물음에 답하시오.

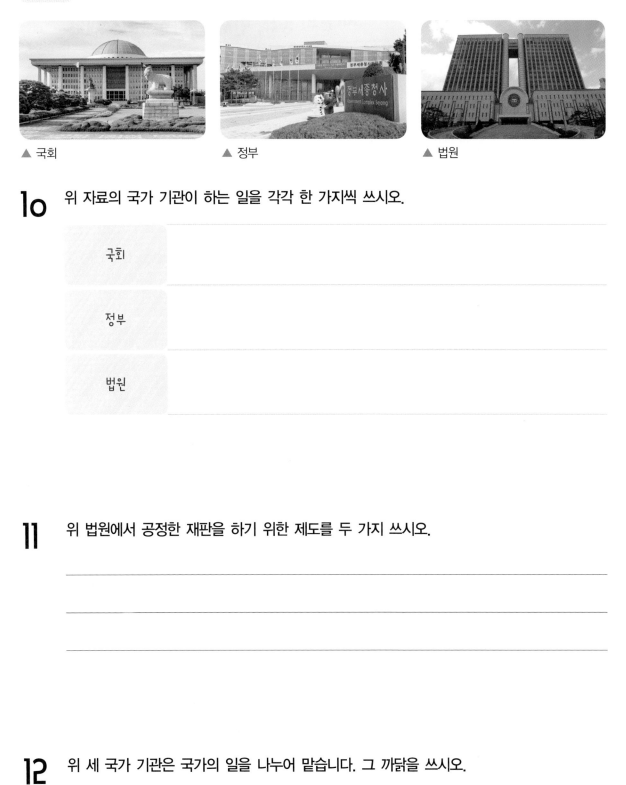

▲ 국회　　　　　　　　▲ 정부　　　　　　　　▲ 법원

10 위 자료의 국가 기관이 하는 일을 각각 한 가지씩 쓰시오.

국회	
정부	
법원	

11 위 법원에서 공정한 재판을 하기 위한 제도를 두 가지 쓰시오.

_____

_____

_____

12 위 세 국가 기관은 국가의 일을 나누어 맡습니다. 그 까닭을 쓰시오.

_____

_____

재판의 종류, 민사 재판과 형사 재판

위층에서 너무 쾅쾅 거려 시끄러웠던 적이 있죠? 최근 층간 소음 문제로 인한 주민 간의 갈등이 깊어지면서 이와 관련한 분쟁이 늘어나고 있어요. 이러한 분쟁은 당사자끼리 평화적으로 합의하는 경우도 있지만, 그렇지 못해 재판을 통해 해결하기도 한답니다.

재판은 분쟁이 일어났을 때 법원에서 당사자들의 주장을 듣고 관련 자료를 검토한 후 공정하게 법을 적용하여 누구 말이 맞는지, 누가 잘못했는지 공식적으로 판단하기 때문이에요.

층간 소음 때문에 피해를 본 아래층 주민이 위층 주민을 상대로 자신이 입은 정신적·금전적 손해를 배상해 달라는 소송을 법원에 제기할 경우에는 민사 재판이 이루어져요. 민사 재판은 판사, 원고, 피고, 소송 대리인 등의 사람들이 참여하여 개인과 개인 사이에서 일어난 법률관계에 관한 분쟁을 해결한답니다.

그러나 반대로, 층간 소음 때문에 화가 난 아래층 주민이 위층 주민을 직접 찾아가 폭행할 경우, 이 사건은 형사 재판의 대상이 되요.

중학교에서 배워!

민사 재판과 형사 재판

민사 재판은 개인과 개인 사이에서 일어난 법률관계에 관한 분쟁을 해결하기 위한 재판을 말해. 예를 들어 다른 사람에게 돈을 빌려줬는데 갚지 않을 경우 돈을 돌려받기 위해 민사 재판을 청구할 수 있지. 반면 형사 재판은 절도, 폭행 등의 범죄가 발생한 경우 죄를 저지른 것으로 의심받는 사람에게 죄가 있는지, 죄가 있다면 어떤 처벌을 받아야 하는지를 결정하는 재판을 말해.

2 우리나라의 경제 발전

이 단원을
들어가기
전에

우리나라의 경제 발전 모습을 살펴보며
숨은 그림을 찾아보세요.

☑ 톱   ☑ 못
☑ 망치   ☑ 줄자
☑ 직각자   ☑ 스패너

정답과 해설은
7쪽에 있어!

경제 활동의 주체는? 가계와 기업

가계의 의미와 하는 일

'가계'는 경제 활동의 주요 주체로 가정 살림을 같이하는 생활 공동체예요. ☆ 가계는 기업의 생산 활동에 참여하고 기업에서 만든 물건을 구입하는 등의 경제 활동을 해요.

가계

가계는 기업에서 일한 대가로 소득을 얻어요.

가계는 소득으로 필요한 물건을 구입해요.

기업의 의미와 하는 일

'기업'은 경제 활동의 또 다른 주체로 °이윤 추구를 목적으로 하는 조직이랍니다. ☆ 기업은 사람들에게 일자리를 제공하고 물건을 만들어 판매하거나 서비스를 제공해 이윤을 얻어요.

기업

기업은 사람들에게 일자리를 제공해요.

기업은 물건을 생산해 판매하거나 서비스를 제공해 이윤을 얻어요.

°이윤: 물건이나 서비스를 생산·판매해 얻게 되는 순수한 이익으로, 이윤 추구는 기업 활동의 주요한 목적임.

가계와 기업의 관계

기업은 물건과 서비스를 생산해 시장에 공급해요. 가계는 기업에서 일한 대가로 얻은 소득으로 물건과 서비스를 구매하고 기업은 이를 통해 이윤을 얻어요. 이렇게 ☆ 가계와 기업이 하는 일은 서로에게 도움이 된답니다.

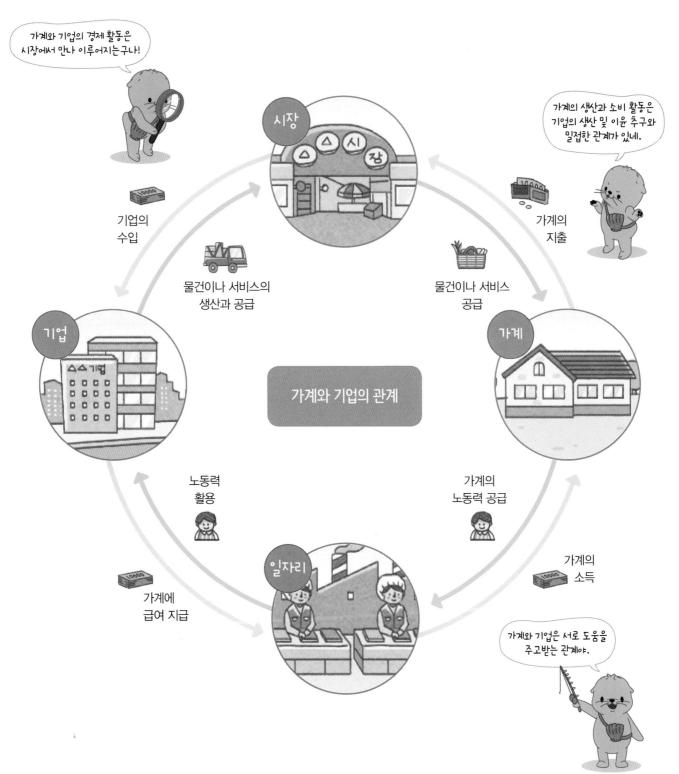

가계와 기업의 경제 활동은 시장에서 만나 이루어지는구나!

가계의 생산과 소비 활동은 기업의 생산 및 이윤 추구와 밀접한 관계가 있네.

시장

기업의 수입

물건이나 서비스의 생산과 공급

가계의 지출

물건이나 서비스 공급

기업

가계와 기업의 관계

가계

노동력 활용

가계의 노동력 공급

일자리

가계에 급여 지급

가계의 소득

가계와 기업은 서로 도움을 주고받는 관계야.

가계의 합리적 선택? 비용⇩ 만족⇧

가계의 합리적 선택

☆ '합리적 선택'이란 품질, 디자인, 가격 등을 고려해 가장 적은 비용으로 큰 만족감을 얻을 수 있도록 선택하는 것을 말해요. 가계가 선택 기준이나 계획 없이 소비 활동을 하면, 소비를 하고 나서도 후회할 수 있어요. 따라서 ☆ 가계는 소득의 범위 안에서 적은 비용으로 가장 큰 만족을 얻도록 합리적으로 소비하는 것이 필요해요.

가계의 합리적 선택 방법

현준이네 가족이 텔레비전을 구매하는 모습을 통해 가계의 합리적 선택 방법을 알아봐요.

현준이네 가족이 합리적인 소비를 하려면?

합리적인 소비를 하기 위해 고려할 점

현준이네 가족은 합리적인 소비를 하기 위해 다음과 같은 점을 고려했어요.

만족감을 높이기 위한 선택

☆ 가계의 합리적 선택에서 가장 중요한 것은 만족감을 높이는 것이에요. 만족감을 높이기 위해서는 가족 구성원들이 중요하게 생각하는 기준을 고려해서 물건이나 서비스를 선택해야 해요. 요즘에는 자신이 추구하는 가치를 지키면서 합리적으로 소비하는 사람들이 늘고 있는데, 이러한 모습은 만족감을 높이기 위한 선택이라고 할 수 있어요.

★ 여기서 잠깐!   가치 소비

최근에는 가격이 더 비싸더라도 지구 환경이나 인권 보호에 도움을 주는 제품을 구매하는 경우와 같이 자신이 추구하는 삶의 가치를 지키며 소비 생활을 하는 사람들이 늘고 있어요. 오른쪽 사례와 같이 °공정 무역을 통해 공급된 원료로 만든 제품을 구매하는 것이나 친환경 제품을 구매하는 것 등이 이에 해당되지요.

°공정 무역: 생산자의 노동에 정당한 대가를 지불하면서 소비자에게는 좀 더 좋은 물건을 공급하는 윤리적인 무역.

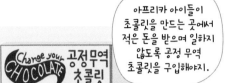

아프리카 아이들이 초콜릿을 만드는 곳에서 적은 돈을 받으며 일하지 않도록 공정 무역 초콜릿을 구입해야지.

합리적 소비를 위한 선택 기준

현준이네 가족은 각각 텔레비전을 고를 때 만족감을 높일 수 있는 선택 기준을 세우고 이에 따른 각 물건의 장단점을 비교·평가했어요.

55

기업의 합리적 선택? 비용⇩ 이윤⇧

기업의 합리적 선택

기업은 시장의 상황과 변화 속에서 소비자가 어떤 물건을 좋아하는지 분석해서 물건을 많이 팔 수 있는 방법을 생각해야 해요. ☆ 기업은 보다 많은 이윤을 얻기 위해 적은 비용으로 많은 수입을 얻을 수 있도록 합리적 선택을 해야 한답니다.

기업의 합리적 선택 방법

다음 필통을 생산하는 기업의 사례를 통해 기업에서는 이윤을 남기기 위해 다양한 부분을 고려한다는 것을 알 수 있어요.

필통 생산을 위해 고려해야 할 사항

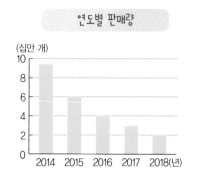

연도별 판매량

필통의 판매량이 줄어들고 있음. ➡ 생산량을 줄이는 것만이 해결책일지 고민해야 함.

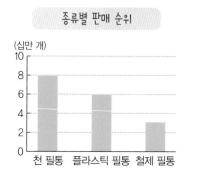

종류별 판매 순위

천 필통이 가장 많이 팔리고 있음. ➡ 철제 필통은 튼튼하지만 소리가 크게 나서 인기가 적음.

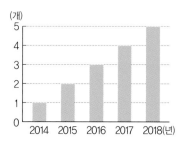

연도별 제조 회사 수

필통을 만드는 회사의 수가 점점 늘어나고 있음. ➡ 신제품을 개발하고 광고를 해야 함.

회사별 가격과 생산 비용

구분	가 회사	나 회사	다 회사
가격(원)	2,200	2,300	2,400
생산 비용(원)	1,500		

필통의 생산 비용은 같으나 판매 가격은 모두 다름. ➡ 가격을 지나치게 높게 설정하면 필통이 잘 팔리지 않을 수 있고, 가격을 지나치게 낮게 설정하면 이윤이 조금밖에 남지 않음.

가계와 기업이 만나는 곳? 시장!

☆ 시장은 물건을 사고파는 곳으로, 가계와 기업은 다양한 형태의 시장에서 만나 경제 활동을 해요. 시장에서 가계는 필요한 물건을 더 싸게 사려고 노력하고, 기업은 더 많은 이윤을 얻으려고 소비자의 욕구를 반영해 다양한 물건을 만들어 제공해요.

> 필요한 것을 직접 운반해야 해.

시장의 종류와 특징

전통 시장

대형 할인점

- 기업은 전통 시장이나 대형 할인점에 생산품을 제공하고, 가계는 직접 가서 원하는 물건을 보고 구입함.
- 특징: 여러 기업이 생산한 물건의 가격을 직접 비교하며 살 수 있음.

> 언제 어디에서든지 물건을 구매할 수 있어.

텔레비전 홈 쇼핑

인터넷 쇼핑

- 기업은 텔레비전 홈 쇼핑이나 인터넷 쇼핑에 생산품을 제공하고, 가계는 집이나 인터넷을 활용할 수 있는 곳에서 물건을 구매함.
- 특징: 물건을 구입하기 위해 직접 시장에 갈 필요는 없지만 물건이 광고와 다를 수 있음.

🌸 여기서 잠깐! 눈에 보이지 않는 것을 사고파는 시장

시장에서는 눈에 보이는 것뿐만 아니라 눈에 보이지 않는 것도 사고팔아요. 사람의 노동력을 사고파는 인력 시장, 주식 거래가 이루어지는 주식 시장, 다른 나라의 돈을 사고파는 외환 시장, 집이나 땅을 사고파는 부동산 시장 등은 눈에 보이지 않는 것을 사고파는 시장이지요.

주식 시장

재미있는 개념 퀴즈!

1 고양이가 길을 따라가며 만나는 힌트를 읽고, '나'는 무엇인지 쓰세요.

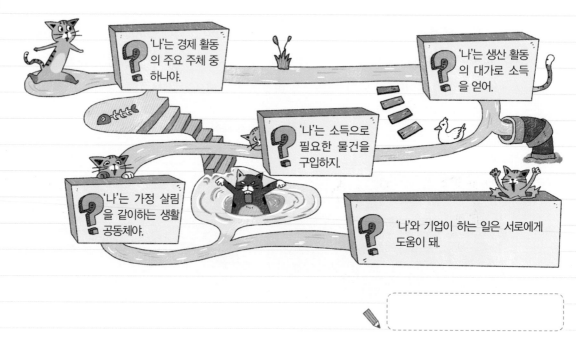

'나'는 경제 활동의 주요 주체 중 하나야.

'나'는 생산 활동의 대가로 소득을 얻어.

'나'는 소득으로 필요한 물건을 구입하지.

'나'는 가정 살림을 같이하는 생활 공동체야.

'나'와 기업이 하는 일은 서로에게 도움이 돼.

2 수연이는 합리적 선택을 통해 책상을 구입하려고 해요. 수연이의 생각이 합리적 소비가 될 수 있도록 생각 미로를 빠져나가 보세요.

시작

무조건 가격이 가장 싼 책상을 골라야 해.

합리적 선택을 위해 가격, 품질, 디지인 등을 고려해야 해.

다양한 기준을 고려해 최대 비용으로 최소 만족을 얻어야 해.

가격이 좀 더 비싸지만 디자인이 마음에 드는 책상을 사기로 했어.

가계의 합리적 선택에서 가장 중요한 것은 주변 사람들의 의견이야.

가계의 합리적 선택에서 가장 중요한 것은 만족감을 높이는 거야.

합리적 선택

3 가민이가 글자 카드를 사용하여 다음 문장을 완성하려고 해요. 뒤죽박죽 섞인 글자 카드들 속에서 빈칸에 들어갈 알맞은 말을 찾아서 쓰세요.

기업은 보다 많은 이윤을 얻기 위해 ✏️ ☐ ☐ ☐ ☐ 으로 많은 수입을 얻을 수 있도록 합리적 선택을 합니다.

4 시장에 대해 바르게 이야기한 어린이만 샌드위치를 먹을 수 있는데, 사다리를 타고 내려가면 알 수 있대요. 샌드위치를 먹을 수 있는 어린이는 누구인지 쓰세요.

시장은 물건을 팔기만 하는 곳이야.

인터넷을 활용하여 물건을 구입할 수도 있어.

가계와 기업은 다양한 형태의 시장에서 만나고 있어.

전통 시장에서는 직접 물건을 보고 사기는 어려워.

텔레비전 홈 쇼핑은 직접 가서 물건을 사야 해.

유민   상우   예슬   지한   민영

✏️ ☐ , ☐

우리나라 경제의 특징은?
자유와 경쟁!

우리나라 경제의 특징 – 자유와 경쟁

우리나라에서는 ☆ 개인과 기업이 경제 활동의 자유를 누리면서 자신의 이익을 얻으려고 경쟁해요. 따라서 우리나라 경제의 특징은 자유와 경쟁이라고 말할 수 있어요.

자유

개인의 자유로운 경제 활동

직업 선택 및 활동의 자유

자신의 능력과 적성에 따라 자유롭게 직업을 선택하여 활동할 수 있음.

소득을 자유롭게 사용할 자유

사람들은 경제 활동으로 얻은 소득을 자신의 결정에 따라 자유롭게 사용할 수 있음.

기업의 자유로운 경제 활동

생산 활동의 자유

기업은 이윤을 얻기 위해 자유롭게 경제 활동을 할 수 있음.

경쟁

개인 간의 경쟁

개인은 더 좋은 일자리를 얻으려고 다른 사람과 서로 경쟁함. 이러한 경쟁에서 앞서고자 개인은 자신의 능력과 실력을 높이려고 노력함.

기업 간의 경쟁

기업은 보다 더 많은 이윤을 얻으려고 다른 기업과 서로 경쟁함. 이러한 경쟁에서 앞서고자 기업은 값싸고 품질이 좋은 물건을 만들고 그 물건을 홍보하고자 노력함.

자유롭게 경쟁하는 경제 활동이 우리 생활에 주는 도움

우리나라 경제 체제에서 ⭐ 기업은 자유롭게 경쟁하며 더 좋은 상품을 개발해 많은 이윤을 얻을 수 있고, 소비자는 품질이 좋은 다양한 상품을 살 수 있어서 만족할 수 있어요. 이와 같이 개인과 기업의 자유로운 경쟁은 우리 생활뿐만 아니라 국가 전체의 경제 발전에 도움을 준답니다.

자신의 재능과 능력을 더 잘 발휘할 수 있음.

소비자가 원하는 조건의 물건을 살 수 있음.

자유롭게 경쟁하는
경제 활동이
우리 생활에 주는 도움

좋은 서비스를 받을 수 있음.

기업이 기술을 개발해 더 우수한 품질의 물건을 생산하고, 소비자는 그 물건을 사용할 수 있음.

기업의 불공정한 경제 활동은?
소비자에게 피해를 줘!

우리 경제에서 ☆ 기업들은 자유롭게 경제 활동을 할 수 있지만, 공정하지 않은 행동을 하면 소비자에게 피해를 줄 수 있어요. 다음 사례를 통해 알아보도록 해요.

음료 회사의 불공정한 경제 활동 알아보기

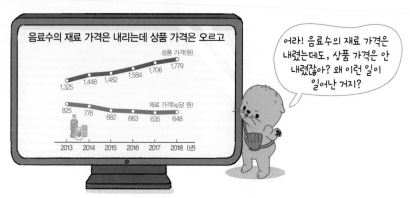

1 문제 원인 확인하기

음료수의 재료 가격은 내렸지만 상품 가격이 오르는 까닭을 조사해 보니, 인기 있는 음료수를 만드는 회사가 세 곳뿐이고, 세 회사들끼리 가격을 마음대로 올리기로 한 것도 알게 되었어요.

2 문제점 파악하기

음료수 가격 상승으로 발생하는 문제점을 살펴보니 소비자가 피해를 입는 것을 알았어요.

- 가격이 너무 비싸서 좋아하는 음료수를 사 먹지 못함.
- 좋아하는 음료수를 사 먹으려고 더 많은 돈을 내야 함.
- 특정 음료수 회사만 많은 이익을 보게 됨.

▶ 소비자가 피해를 입음.

3 문제 해결 대안 제시하기

좋아하는 음료수를 좀 더 합리적인 가격에 사 먹기 위한 대안에는 다음과 같은 방법이 있어요.

음료수 가격을 마음대로 올릴 수 없도록 법을 만들어야 해.

음료수 가격을 올리는 것에 반대하는 의견을 음료수 회사 누리 집에 올리는 것은 어떨까?

합리적인 가격의 다른 음료수를 사 먹어야 겠어.

음료수를 많은 회사에서 만들 수 있게 하는게 좋겠어.

4 문제 해결 및 정리 하기

기업 간의 불공정한 경제 활동으로 생기는 문제를 해결하고 경제 활동이 공정하게 이루어질 수 있도록 정부와 시민 단체는 다음과 같은 노력을 하고 있어요.

기업끼리 가격을 상의해 올릴 수 없도록 감시해요.

특정 기업만 물건을 만들어 가격을 마음대로 올리지 못하도록 감시해요.

허위·과장 광고를 하지 못하도록 감시해요.

많은 회사가 제품을 만들어 팔 수 있도록 지원해요.

*독과점: 하나의 기업이 시장을 차지하고 있는 상태인 독점과 두 개 이상의 기업이 시장을 장악하고 있는 과점을 아울러 이르는 말.

재미있는 개념 퀴즈!

1 수홍이가 미로를 빠져나가는 길에 적힌 글씨를 통해 우리나라 경제의 특징을 알 수 있어요. 빈칸에 우리나라 경제의 특징을 쓰세요.

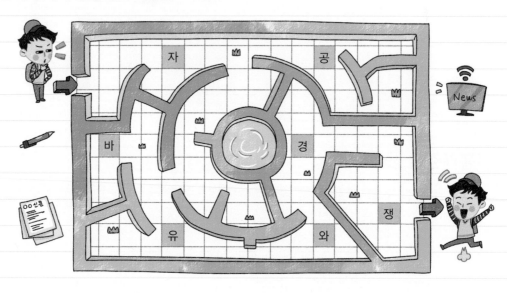

2 영석이가 시장에 가서 본 모습을 통해 알 수 있는 우리나라 경제의 특징은 무엇일까요?

❶ 기업 간의 경쟁

❷ 기업의 기술 개발

❸ 개인의 자유로운 직업 선택

❹ 일자리를 얻으려는 개인 간의 경쟁

3 은종이가 시장을 빠져나가려고 한대요. 자유롭게 경쟁하는 경제 활동이 우리 생활에 주는 도움에 대한 ○, × 퀴즈를 풀어 은종이가 시장을 빠져나가게 해 주세요.

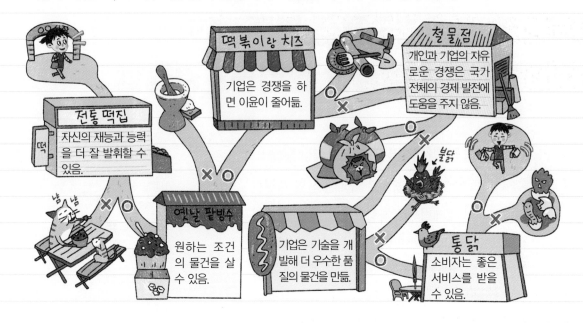

4 정부와 시민 단체가 공정한 경제 활동을 하는 모습의 사진을 붙여 정리한 사진첩이에요. 사진첩에 잘못 붙인 사진을 골라 기호를 쓰세요.

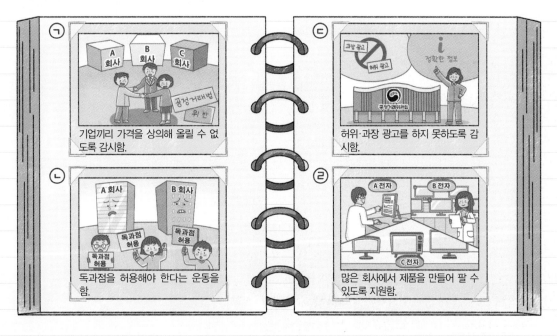

6·25 전쟁 이후~1960년대, 성장한 산업은? 경공업

6·25 전쟁 직후(1950년대) 경제 성장 모습

우리나라는 6·25 전쟁으로 파괴된 산업 시설들을 복구하고 경제적으로 자립하기 위해 공업 발전에 힘썼어요. 1950년대에는 다른 나라의 도움을 받아 농업 중심의 산업 구조를 공업 중심의 산업 구조로 변화시키려고 노력했고, ☆ 생활에 필요한 물품을 만드는 식료품 공업, 섬유 공업 등 소비재 산업이 주로 발전했어요.

▲ 밀가루 생산 공장

1960년대 경제 성장을 위한 정부의 모습

*경제 개발 5개년 계획: 경제 발전을 하려고 1962년부터 1986년까지 5년 단위로 추진한 경제 계획.

1962년에 정부는 *경제 개발 5개년 계획을 세우고, 국내에서 생산한 제품을 해외로 수출해 경제 성장을 이루고자 다음과 같은 노력을 했어요.

고속 국도, 항만 등의 시설 건설	기업이 제품을 생산하고 운반해 수출할 수 있도록 정유 시설, 발전소, 고속 국도, 항만 등을 많이 건설했음.
수출 기업 지원	제품을 수출하는 기업의 세금을 내려 주고, 기업이 여러 나라에 다양한 제품을 쉽게 수출할 수 있도록 지원했음.

▲ 울산 정유 공장 건설

▲ 춘천 수력 발전소 공사

▲ 경부 고속 국도 개통

1960년대에 발달한 경공업

*경공업: 식료품, 섬유, 종이 등 비교적 가벼운 물건을 만드는 산업.

☆ 기업은 정부의 경제 개발 계획에 따라 신발, 가발, 의류, 섬유 등 *경공업 제품을 만들어 수출하며 성장했어요.

신발 생산 / 가발 생산 / 의류 생산

455,400
천 달러

119,058
천 달러

32,827
천 달러

1960년   1964년   1968년

▲ 연도별 수출액   [출처: 한국 무역 협회, 2017]

경공업 발달이 우리나라 경제에 미친 영향

기업은 많은 노동력이 필요한 제품을 낮은 가격으로 생산해 수출하면서 빠르게 성장할 수 있었으며, 가계의 소득도 점점 증가했어요. 이렇게 우리나라는 1960년대 경공업 위주의 공업화로 기업과 가계의 경제가 성장할 수 있었어요.

🌸 여기서 잠깐! **1960년대 경공업이 발달한 까닭**

신발, 가발, 옷과 같은 경공업 제품을 만드는 산업은 사람이 직접 손으로 만드는 과정이 많기 때문에 1960년대 노동력이 풍부했던 우리나라에 유리했어요. 또, 당시에는 저렴하게 생산된 경공업 제품들이 다른 나라에서 많이 판매되는 시기여서 경공업이 발달할 수 있었답니다.

1970년대 이후, 성장한 산업은? 중화학 공업

1970년대 경제 성장을 위한 정부의 노력

*중화학 공업: 철, 배, 자동차 등 무거운 제품이나 플라스틱, 고무제품, 화학 섬유 제품을 생산하는 산업

1970년대 정부는 경공업 중심의 산업 구조에 따른 어려움을 해결하고 국가 경제를 획기적으로 발전시키려고 철강, 석유 화학, 기계, 조선, 전자 등의 *중화학 공업을 육성하기로 했어요. 중화학 공업은 경공업보다 많은 돈과 높은 기술력이 필요한 산업이에요. 그래서 정부는 다음과 같은 노력을 했어요.

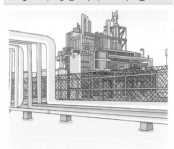

중화학 공업 육성 계획 발표

정부는 중화학 공업 육성 계획을 발표했으며 철강, 석유 화학, 기계, 조선, 전자 등의 산업을 성장시키려고 노력했음.

교육 시설과 연구소 설립

높은 기술력을 갖추려고 교육 시설과 연구소 등을 설립했음.

기업에 여러 지원

기업에 낮은 이자로 돈을 빌려 줘 각종 산업에 적극적으로 참여할 수 있도록 지원했음.

♣ 여기서 잠깐! **경공업과 중화학 공업의 비교**

경공업	구분	중화학 공업
식료품, 섬유, 종이 등 비교적 가벼운(輕 가벼울 경) 물건을 만드는 산업	의미	철, 배, 자동차 등 무거운(重 무거울 중) 제품이나 플라스틱, 화학 섬유 제품 등을 생산하는 산업
섬유, 합판, 가발, 신발 등	종류	철강, 석유 화학, 조선, 자동차, 전자 등
자본이 적게 들고 기술 습득이 용이함.	자본, 기술	자본이 많이 들고 높은 기술력이 필요함.
1960년대	발달 시기	1970년대와 1980년대

1970년대와 1980년대에 발달한 중화학 공업

철강 및 석유 화학 산업

철 생산

철강 및 석유 화학 산업은 제품을 생산하는 데 필요한 재료를 만드는 산업이라 빨리 발달했고, 필요한 재료의 대부분을 다른 나라에서 수입해야 했던 문제점을 해결했음.

조선 산업

1973년에 최초로 해외에서 주문을 받아 대형 선박을 만들기 시작했고, 이후 우리나라 수출을 이끄는 산업으로 성장했음.

1970년대

1980년대

자동차 산업

1980년대에 본격적으로 세계 시장에 제품을 수출하면서 크게 성장했음.

전자 산업

기계 산업, 전자 산업도 크게 발전해 정밀 기계, 기계 부품, 텔레비전 등이 주요 수출품으로 자리 잡았음.

중화학 공업 발달이 우리나라 경제에 미친 영향

중화학 공업이 발달하면서 ☆ 우리나라의 산업 구조는 경공업에서 중화학 공업 중심으로 바뀌었으며, 세계적으로 우수한 제품을 생산할 수 있게 되었어요. 수출액과 국민 소득도 빠르게 증가해 사람들의 생활 수준도 크게 향상되었지요.

1990년대 이후, 성장한 산업은?
컴퓨터/반도체 → 정보 통신 → 첨단/서비스

1990년대와 2000년대에 발달한 산업

컴퓨터 관련 산업 등장, 반도체 산업 발달 1990년대에 컴퓨터와 가전제품의 생산이 늘어나면서 핵심 부품인 반도체의 중요성이 커졌음. 우리나라 기업들이 꾸준히 노력한 결과, 세계적으로 성능이 뛰어난 반도체를 생산할 수 있게 되었음.

초고속 정보 통신망 설치, 정보 통신 산업 발달 1990년대 후반부터 정부와 기업은 정보화 사회의 경제 발전을 위해 전국에 걸쳐 초고속 정보 통신망을 만들었음.

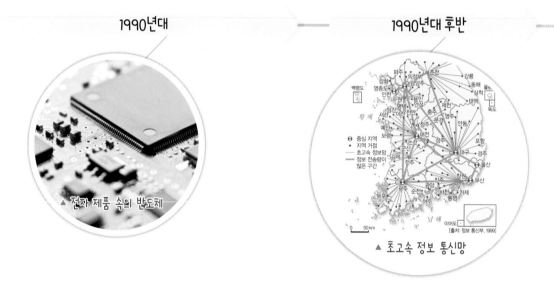

1990년대

▲ 전자 제품 속의 반도체

1990년대 후반

▲ 초고속 정보 통신망

우리나라 국내 총생산과 1인당 국민 총소득의 변화

우리나라의 °국내 총생산과 °1인당 국민 총소득의 변화를 통해 우리나라의 경제 성장 모습을 확인할 수 있어요.

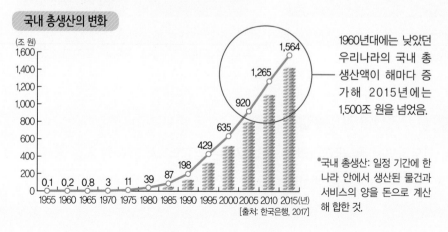

국내 총생산의 변화

(조 원)
1,564
1,265
920
635
429
198
87
39
11
3
0.8
0.2
0.1

1955 1960 1965 1970 1975 1980 1985 1990 1995 2000 2005 2010 2015(년)
[출처: 한국은행, 2017]

1960년대에는 낮았던 우리나라의 국내 총생산액이 해마다 증가해 2015년에는 1,500조 원을 넘었음.

°국내 총생산: 일정 기간에 한 나라 안에서 생산된 물건과 서비스의 양을 돈으로 계산해 합한 것.

첨단 산업, 서비스 산업 발달 2000년대 이후부터는 고도의 기술이 필요한 생명 공학, 우주 항공, 신소재 산업, 로봇 산업과 같은 첨단 산업과 사람들에게 즐거움을 주고 삶을 편리하게 해 주는 문화 콘텐츠 산업, 의료 서비스 산업, 관광 산업, 금융 산업 등의 다양한 서비스 산업이 빠르게 발달하고 있음.

▶ 신소재 산업

▶ 로봇 산업

2000년대 이후

◀ 의료 서비스 산업

▲ 문화 콘텐츠 산업

우리나라의 경제는 새로운 산업의 발달로 더욱 성장하면서 국제 사회에서 위상이 높아지고 있으며 국민의 생활은 더욱 풍요롭고 편리해지고 있어.

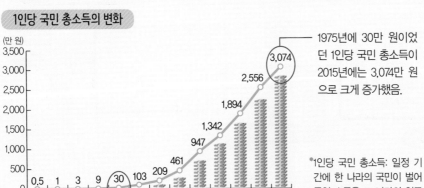

1인당 국민 총소득의 변화

(만 원)

| | | | | | | | | | | | 3,074 |

1975년에 30만 원이었던 1인당 국민 총소득이 2015년에는 3,074만 원으로 크게 증가했음.

3,074
2,556
1,894
1,342
947
461
209
103
30
9
3
1
0.5

1955 1960 1965 1970 1975 1980 1985 1990 1995 2000 2005 2010 2015 (년)

[출처: 한국은행, 2017]

*1인당 국민 총소득: 일정 기간에 한 나라의 국민이 벌어들인 소득을 그 나라의 인구로 나눈 것.

재미있는 개념 퀴즈!

1 수인이가 1960년대 우리나라의 경제 성장 카드에 마시던 음료수를 쏟았어요. 음료수로 지워진 부분에 들어갈 알맞은 내용을 골라 기호를 쓰세요.

① 첨단 산업

ⓒ 농업

ⓒ 게임 산업

ⓒ 중화학 공업

ⓒ 경공업

2 고장 난 파이프를 고치려고 해요. 고장 난 파이프에는 1970년대와 1980년대 경제 성장 모습이 잘못 설명되어 있대요. 고쳐야 하는 파이프를 찾아 기호를 쓰세요.

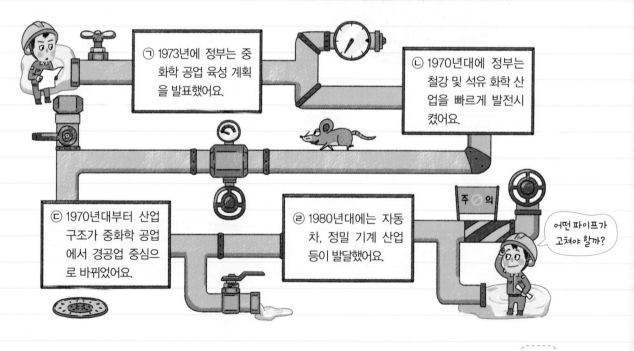

① 1973년에 정부는 중화학 공업 육성 계획을 발표했어요.

ⓒ 1970년대에 정부는 철강 및 석유 화학 산업을 빠르게 발전시켰어요.

ⓒ 1970년대부터 산업 구조가 중화학 공업에서 경공업 중심으로 바뀌었어요.

ⓒ 1980년대에는 자동차, 정밀 기계 산업 등이 발달했어요.

어떤 파이프가 고쳐야 할까?

3 로봇을 움직이려면 암호가 필요해요. 암호는 ○○과 △△ 안에 들어갈 알맞은 글자를 순서대로 나열한 것이래요. 빈칸에 암호를 쓰세요.

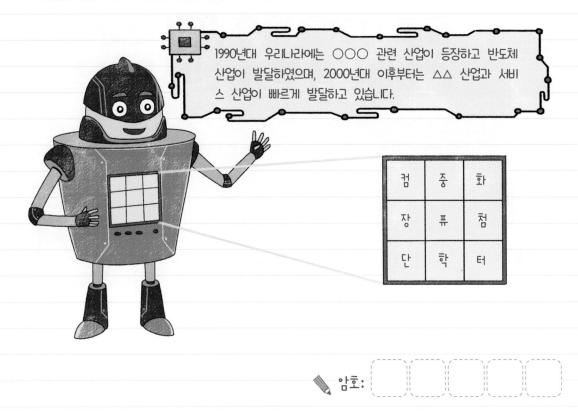

1990년대 우리나라에는 ○○○ 관련 산업이 등장하고 반도체 산업이 발달하였으며, 2000년대 이후부터는 △△ 산업과 서비스 산업이 빠르게 발달하고 있습니다.

컴	중	화
장	퓨	첨
단	학	터

✏️ 암호:

4 승우는 여러 가지 산업이 적혀 있는 조개껍데기를 산업 발달 순으로 꿰어 팔찌를 만들고 있어요. 승우가 꿴 조개껍데기의 순서에 맞게 번호를 쓰세요.

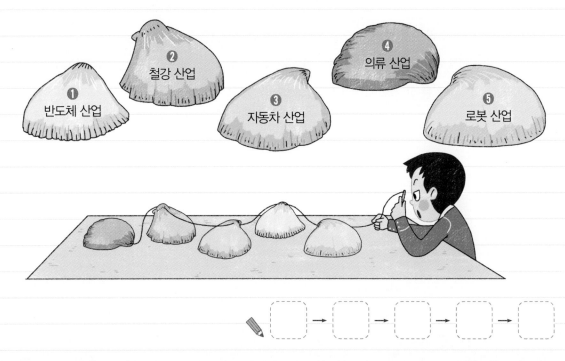

❶ 반도체 산업
❷ 철강 산업
❸ 자동차 산업
❹ 의류 산업
❺ 로봇 산업

✏️ ☐ → ☐ → ☐ → ☐ → ☐

경제 성장에 따른 사회 변화는?
해외여행객 증가, 한류 확산 등

우리나라는 경제가 성장함에 따라 방송, 통신, 교통, 쇼핑 분야에 큰 변화가 있었어요.

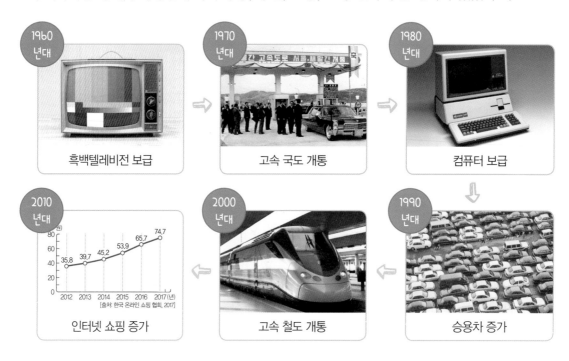

1960년대	1970년대	1980년대
흑백텔레비전 보급	고속 국도 개통	컴퓨터 보급

2010년대	2000년대	1990년대
인터넷 쇼핑 증가	고속 철도 개통	승용차 증가

[출처: 한국 온라인 쇼핑 협회, 2017]

경제가 성장하면서 ★ 해외여행객이 증가하고, 우리 문화와 관련된 상품이 해외에서 큰 인기를 끌었으며, °한류를 즐기는 외국인이 급증하는 현상이 나타났어요. 또, 우리나라에서 국제 행사를 개최하는 등 과거와 다른 변화들이 나타났지요.

°한류: 우리나라의 영화, 드라마, 대중가요 등 우리 문화가 전 세계로 퍼지는 현상.

▼ 우리나라 가수의 해외 공연

경제 성장에 따른 사회 문제는?
경제적 양극화, 노사 갈등, 환경 오염 등

우리나라의 급격한 경제 성장 과정은 여러 가지 사회 문제를 가져오기도 했어요. ☆ 경제 성장 과정에서 발생하는 대표적인 문제에는 경제적 양극화, 노사 갈등 및 일자리 문제, 환경 오염 및 에너지 부족 등이 있어요.

경제적 양극화와 해결 노력

경제적
양극화

상황

- 우리나라의 경제 상황은 과거보다 크게 나아졌지만, 잘사는 사람과 그렇지 못한 사람의 소득 격차는 더욱 커졌음.
- 노인, 장애인, 실업자 등 사회적 약자를 위한 제도와 정책이 더욱 필요해졌음.

해결 노력

정부

가난한 사람들에게 생계비, 양육비, 학비를 지원해 불평등이 발생하지 않도록 노력함.

국회

가난한 사람들이 인간다운 생활을 할 수 있도록 여러 복지 정책을 법률로 정해 보호함.

시민 단체

저소득층, 독거노인, 장애인 등 사회적 약자를 보호하고자 다양한 봉사 활동을 함.

노사 갈등 및 일자리 문제와 해결 노력

노사 갈등 및
일자리 문제

상황

- 경제 상황이 좋지 않으면 실업자가 증가하기도 함.
- 근로자와 경영자 사이의 갈등(노사 갈등)이 확산되기도 함.

▲ 근로자들의 주장

해결 노력

일자리를 쉽게 구할 수 있도록 취업 박람회를 열기도 하고, 일자리를 늘리기 위한 노력을 하고 있음.

근로자와 기업 경영자들은 대화를 통해 갈등을 해결하기 위해 노력하고 있음.

좋은 일자리를 많이 만들겠습니다.

안정적인 일자리 확충 지원, 노사 갈등 중재 등의 일을 하고, 기업이 근로자들의 인권을 잘 보호하고 있는지 감시함.

정부와 기업은 일자리 환경을 개선하고자 끊임없이 대화하고 새로운 정책을 찾기 위해 노력하고 있어.

환경 오염 및 에너지 부족 문제와 해결 노력

환경 오염 및
에너지 부족

상황

- 급격한 경제 성장으로 우리 주변의 환경은 급속도로 오염되었음.
- 에너지 자원도 매우 부족해졌음.

▲ 대기 오염, 수질 오염, 에너지 부족

해결 노력

정부의 전기 자동차 보급 지원 정책

정부는 기업에게 전기 자동차 등 친환경 자동차를 개발하도록 기업을 지원하고 풍력, 태양열 등 친환경 에너지를 생산하려고 노력하고 있음.

기업들의 친환경 제품 판매

기업들은 친환경 제품을 개발하고 이를 생산해 환경 오염을 줄이고자 노력하고 있음.

에너지 절약 운동

시민들은 에너지 절약 캠페인을 하고 오염된 환경을 깨끗하게 하고자 봉사 활동을 함.

재미있는 개념 퀴즈!

1 우진이가 1960년대로 시간 여행을 떠났어요. 갈림길에서 만나는 ○, × 퀴즈를 바르게 풀어야 현재로 돌아올 수 있다고 하네요. 현재로 돌아오는 길을 선으로 연결하세요.

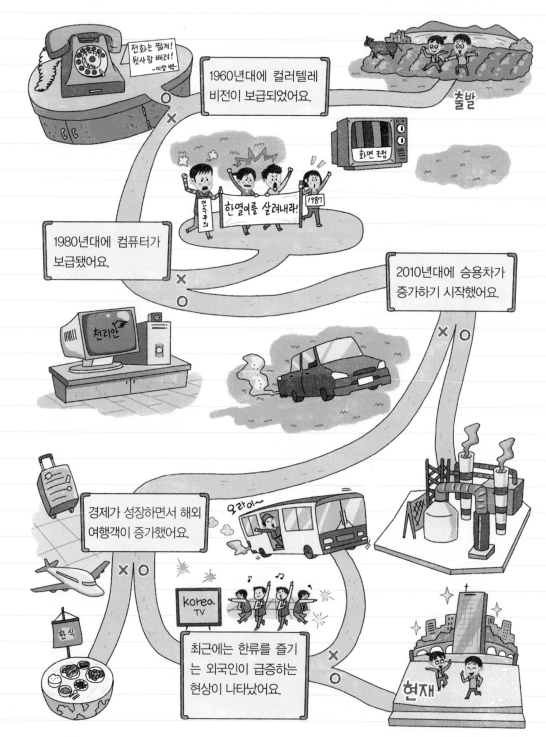

2 빛나가 사회 공책을 넘겨 보다가 실수로 공책의 일부를 찢었어요. 찢어진 부분에 들어갈 알맞은 내용은 무엇일까요?

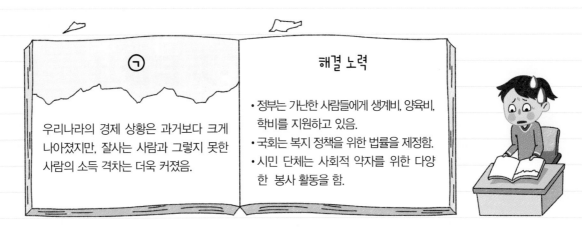

우리나라의 경제 상황은 과거보다 크게 나아졌지만, 잘사는 사람과 그렇지 못한 사람의 소득 격차는 더욱 커졌음.

해결 노력

• 정부는 가난한 사람들에게 생계비, 양육비, 학비를 지원하고 있음.
• 국회는 복지 정책을 위한 법률을 제정함.
• 시민 단체는 사회적 약자를 위한 다양한 봉사 활동을 함.

❶ 일자리 문제

❷ 경제적 양극화

❸ 환경 오염 문제

❹ 교통 혼잡 문제

3 게시판에 노사 갈등 및 일자리 문제와 환경 오염 및 에너지 부족 문제에 관한 내용을 주제별로 정리하려고 해요. 각 주제에 알맞은 카드를 골라 기호를 쓰세요.

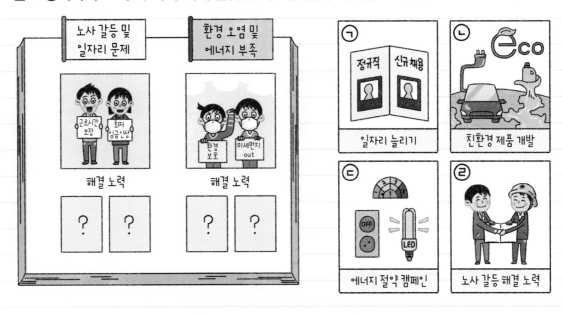

✏️ 노사 갈등 및 일자리 문제: _____

환경 오염 및 에너지 부족: _____

무역은 왜 해? 나라마다 잘 만드는 물건이나 서비스가 달라서

나라 사이에 물건과 서비스를 사고파는 것을 '무역'이라고 해요. 무역을 할 때 다른 나라에 물건을 파는 것을 '수출', 다른 나라에서 물건을 사 오는 것을 '수입'이라고 해요.

나라와 나라 사이의 경제 교류, 무역을 하는 까닭

경제 상황이 다른 ○○ 나라와 △△ 나라 사이에는 다음과 같이 물건이나 서비스를 사고파는 교류인 무역이 이루어져요. 이렇게 ★ 나라 간 경제 교류가 이루어지는 까닭은 나라마다 자연환경과 자본, 기술 등에 차이가 있어 더 잘 생산할 수 있는 물건이나 서비스가 다르기 때문이랍니다. 그래서 각 나라는 더 잘 만들 수 있는 물건이나 서비스를 생산하고, 이를 상호 교류하면서 서로 경제적 이익을 얻어요.

➡ ○○ 나라는 △△ 나라에서 휴대 전화, 자동차, 배 등을 수입하고, △△ 나라는 원유, 목재, 천연고무 등을 ○○ 나라에서 수입하면서 서로 부족하거나 필요한 것을 구해요.

우리나라의 경제 교류

우리나라는 중국, 미국, 일본 등의 나라와 경제 교류를 해요. 우리나라는 주로 반도체, 석유 제품, 자동차 등을 수출하고 원유, 반도체 등을 다른 나라에서 수입하고 있어요.

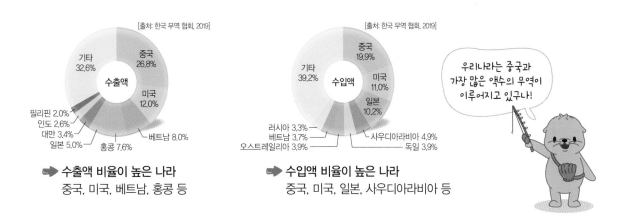

우리나라의 나라별 무역액 비율(2018년)

[출처: 한국 무역 협회, 2019]

수출액
- 중국 26.8%
- 미국 12.0%
- 베트남 8.0%
- 홍콩 7.6%
- 일본 5.0%
- 대만 3.4%
- 인도 2.6%
- 필리핀 2.0%
- 기타 32.6%

➡ **수출액 비율이 높은 나라**
중국, 미국, 베트남, 홍콩 등

[출처: 한국 무역 협회, 2019]

수입액
- 중국 19.9%
- 미국 11.0%
- 일본 10.2%
- 사우디아라비아 4.9%
- 독일 3.9%
- 오스트레일리아 3.9%
- 베트남 3.7%
- 러시아 3.3%
- 기타 39.2%

➡ **수입액 비율이 높은 나라**
중국, 미국, 일본, 사우디아라비아 등

우리나라는 중국과 가장 많은 액수의 무역이 이루어지고 있구나!

우리나라의 주요 수출품과 수입품

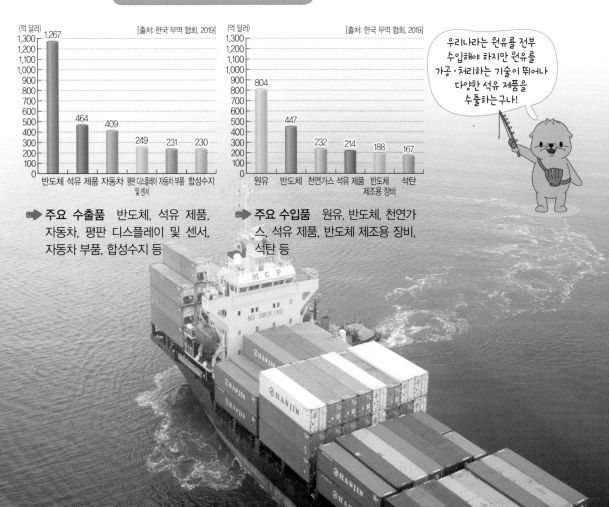

(억 달러) [출처: 한국 무역 협회, 2019]

주요 수출품 막대그래프
- 반도체 1,267
- 석유 제품 464
- 자동차 409
- 평판 디스플레이 및 센서 249
- 자동차 부품 231
- 합성수지 230

(억 달러) [출처: 한국 무역 협회, 2019]

주요 수입품 막대그래프
- 원유 804
- 반도체 447
- 천연가스 232
- 석유 제품 214
- 반도체 제조용 장비 188
- 석탄 167

➡ **주요 수출품** 반도체, 석유 제품, 자동차, 평판 디스플레이 및 센서, 자동차 부품, 합성수지 등

➡ **주요 수입품** 원유, 반도체, 천연가스, 석유 제품, 반도체 제조용 장비, 석탄 등

우리나라는 원유를 전부 수입해야 하지만 원유를 가공·처리하는 기술이 뛰어나 다양한 석유 제품을 수출하는구나!

다른 나라와 경제 교류 관계는?
상호 의존, 상호 경쟁!

상호 의존 관계

우리나라는 다른 나라와 서로 의존하며 경제적으로 교류해요. 다음 자료를 보면 알 수 있듯이
☆ 우리나라는 발전된 기술과 좋은 물건을 다른 나라에 수출하고 우리나라에 부족하거나 없는
자원, 물건, 기술, 노동력 등을 수입해요. 이는 각 나라의 특징을 살린 활발한 경제 교류로 이익
을 얻기 위해서예요.

우리나라는 일부 나라와 경제 교류를 자유롭고 편리하게 하기 위해 자유 무역 협정
(FTA)을 맺었어요.

♣ 여기서 잠깐! 우리나라와 자유 무역 협정(FTA)을 맺은 나라들

자유 무역 협정(FTA; Free Trade Agreement)은 나라 간 물건이나 서비스 등의 자유로운 이동을 위해 세
금, 법과 제도 등의 문제를 줄이거나 없애기로 한 약속이에요. 우리나라는 칠레와의 자유 무역 협정(2004년
발효)을 시작으로 싱가포르, 동남아시아 국가 연합(ASEAN), 인도, 유럽 연합(EU), 페루, 미국, 오스트레일리
아 등 59개국과 자유 무역 협정(FTA)을 맺고 있어요(2019년 10월 기준).

상호 경쟁 관계

☆ 우리나라는 같은 종류의 물건을 생산하는 다른 나라와는 서로 경쟁해요. 특히 새로운 기술이 필요한 휴대 전화, 전자 기기, 자동차 시장에서의 경쟁은 더욱 치열하답니다.

우리나라와 다른 나라가 서로 경쟁하는 모습

▲ 휴대 전화 기술 경쟁

▲ 도움을 주고받으며 경쟁하는 노트북 생산 기업

우리나라의 경제 교류 종류

우리나라가 다른 나라와 하는 경제 교류의 종류에는 물건뿐만 아니라 서비스도 있어요. 신발, 커피, 냄비 등의 물건과 의료 기술, 게임, 음악 등의 서비스 교류가 활발히 이루어지고 있답니다.

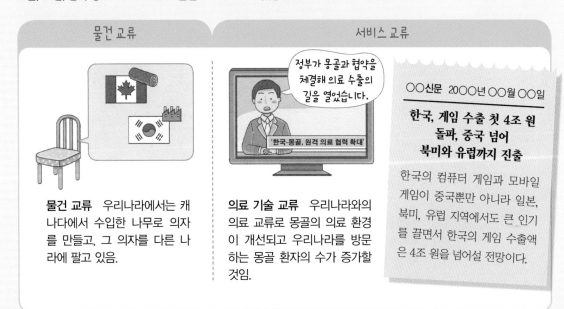

물건 교류 우리나라에서는 캐나다에서 수입한 나무로 의자를 만들고, 그 의자를 다른 나라에 팔고 있음.

의료 기술 교류 우리나라와의 의료 교류로 몽골의 의료 환경이 개선되고 우리나라를 방문하는 몽골 환자의 수가 증가할 것임.

○○신문 20○○년 ○○월 ○○일

한국, 게임 수출 첫 4조 원 돌파, 중국 넘어 북미와 유럽까지 진출

한국의 컴퓨터 게임과 모바일 게임이 중국뿐만 아니라 일본, 북미, 유럽 지역에서도 큰 인기를 끌면서 한국의 게임 수출액은 4조 원을 넘어설 전망이다.

다른 나라와의 경제 교류는?
경제생활에 영향을 미쳐!

경제 교류가 의식주 및 여가 생활에 미친 영향

다른 나라와의 경제적 교류로 우리의 의생활, 식생활, 주생활, 여가 생활 등은 변화되었어요.

여가 생활 다른 나라에서 만든 영화나 드라마를 보며 여가 시간을 보내요.

주생활 최근에 우리나라에서 짓는 아파트나 주택의 내부 구조도 외국과 점차 비슷해지고 있어요.

의생활 내가 입고 있는 옷이나 신발 등은 베트남, 중국 등 다양한 국가에서 만든 것이 많아요.

식생활 다양한 나라의 음식과 식재료를 국내에서 쉽게 구할 수 있게 되었어요.

경제 교류가 개인과 기업에 미친 영향

다른 나라와 경제 교류가 활발해지면서 개인과 기업의 경제생활에도 다음과 같은 변화가 나타났어요.

개인에 미친 영향

다른 나라에서 수입한 열대 과일

소비자는 전 세계의 값싸고 다양한 물건을 선택할 수 있는 기회가 늘어났음.

외국 기업에 취업하려는 우리나라 국민

우리나라 국민이 외국 기업에서 일자리를 얻는 등 개인의 경제 활동 범위가 넓어졌음.

기업에 미친 영향

신재생 에너지 기술 교류

기업은 다른 나라와 경제 교류를 하는 과정에서 새로운 기술과 아이디어를 주고받을 수 있게 됨.

인도에 있는 우리나라 기업의 자동차 공장

다른 나라에 공장을 세워 그 나라의 값싼 노동력을 활용해 물건을 생산하고 제조 비용과 운반 비용을 줄일 수 있게 되었음.

다른 나라와 무역하면서 생기는 문제는?
수입 제한, 높은 관세 부가 등

다른 나라와 경제 교류하면서 생기는 문제점

세계 여러 나라와 무역을 하면서 생기는 문제

다른 나라의 수입 제한

우리는 농산물 수입량이 정해져 있어서 더는 농산물을 수입할 수 없습니다.

다른 나라가 특정 물건에 대한 수입량의 한계를 정해 놓아 우리나라의 수출이 감소하기도 함.

높은 관세 부과

대한민국에서 수입하는 세탁기에 세금을 더 부과하겠습니다.

15 %
50 %
15 %
5 %

다른 나라에서 높은 관세를 부과하여 우리나라에서 수출하는 물건의 가격이 올라 수출이 어려워짐.

수입 거부

우리는 당분간 ○○ 나라 수산물을 수입하지 않겠습니다.

○○ 나라 수산물 수입 금지

우리나라가 다른 나라의 특정 물건을 수입하지 않겠다고 하여 갈등을 겪기도 함.

외국산에 의존하는 물건의 수입 문제

기후 변화로 △△ 나라의 커피 생산량이 크게 줄어 수입이 어려워졌어.

커피나 원유와 같이 다른 나라에서 수입해야 하는 물건에 문제가 생기면 우리나라에도 어려움이 생김.

세계 여러 나라는 무역을 하다가 불리한 점이 생기면 자기 나라 경제를 보호하려고 새로운 법이나 제도를 만들기도 해요. 이렇게 ☆ 서로 자기 나라 경제만을 보호하다 보면 다른 나라와 무역이 잘 이루어지지 않거나 새로운 무역 문제가 발생할 수 있어요.

자기 나라 경제를 보호하려 하는 까닭
- 경쟁력이 낮은 산업을 보호하기 위해
- 다른 나라의 불공정 거래에 대응하기 위해
- 국민의 실업을 방지하기 위해
- 국가의 안정적 성장을 위해

무역을 하면서 생기는 문제의 해결 방안

많은 나라는 무역 문제를 해결하려고 국제기구 설립과 가입, 관련 국내 기관 설립, 세계 여러 나라와 협상 등을 하며 다양하게 노력하고 있어요. 다음은 학생들이 우리나라가 다른 나라와 무역을 하면서 생기는 문제점의 해결 방안에 대해 토의한 내용이에요.

무역에 따른 갈등이 생기지 않도록 세계 여러 나라가 모여 무역 문제를 함께 협상하고 합의하려는 노력이 필요해요.

무역과 관련된 국내 기관을 설립하여 무역 문제로 생기는 피해를 줄이는 대책을 마련해야 해요.

해당 나라들끼리만으로는 해결이 어려운 무역 문제가 발생했을 때 세계 무역 기구(WTO)와 같은 국제기구에 도움을 요청할 수 있어요.

세계 무역 기구(WTO)

세계 무역 기구(WTO; World Trade Organization)는 나라와 나라 사이에서 무역과 관련된 문제가 일어났을 때 공정하게 심판하려고 만들어진 국제기구예요. 지구촌의 경제 질서를 유지하면서 세계 무역을 보다 더 자유롭게 할 수 있도록 1995년 1월에 설립되었어요. 본부는 스위스 제네바에 있으며, 2018년 당시 회원국은 164개국이에요.

세계 무역 기구 본부 ▶

재미있는 개념 퀴즈!

1 하진이가 비밀번호를 잊어버려 집에 못 들어가고 있어요. 무역에 대해 바르게 설명한 카드에 적혀 있는 번호를 순서대로 넣어 비밀번호를 완성해 보세요.

2 나라 간 경제 교류를 통해 경제적 이익을 얻을 수 있어요.

4 우리나라는 다른 나라와 물건으로만 경제 교류를 해요.

5 다른 나라에 물건을 파는 것을 수입, 다른 나라에서 물건을 사 오는 것을 수출이라고 해요.

8 나라마다 자연환경과 자본, 기술 등에 차이가 있어 더 잘 생산할 수 있는 물건이나 서비스가 다르기 때문에 무역이 발생해요.

비밀번호: ☐ ☐ 3 1

2 은주는 친구들과 국기 맞추기 놀이를 하고 있어요. 은주가 낸 질문의 답에 해당하는 국가의 국기를 찾아 기호를 쓰세요.

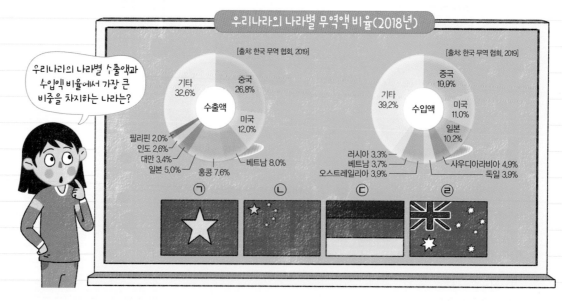

우리나라의 나라별 무역액 비율(2018년)

[출처: 한국 무역 협회, 2019]

우리나리의 나라별 수출액과 수입액 비율에서 가장 큰 비중을 차지하는 나라는?

수출액
기타 32.6%
중국 26.8%
미국 12.0%
베트남 8.0%
홍콩 7.6%
일본 5.0%
대만 3.4%
인도 2.6%
필리핀 2.0%

[출처: 한국 무역 협회, 2019]

수입액
기타 39.2%
중국 19.9%
미국 11.0%
일본 10.2%
사우디아라비아 4.9%
독일 3.9%
오스트레일리아 3.9%
베트남 3.7%
러시아 3.3%

㉠ ㉡ ㉢ ㉣

3 수현이가 백화점에 갔어요. 다른 나라와의 경제 교류에 대한 ○, × 퀴즈를 풀면서 물건을 사려고 해요. 수현이가 물건을 사면서 지나간 길을 선으로 연결하세요.

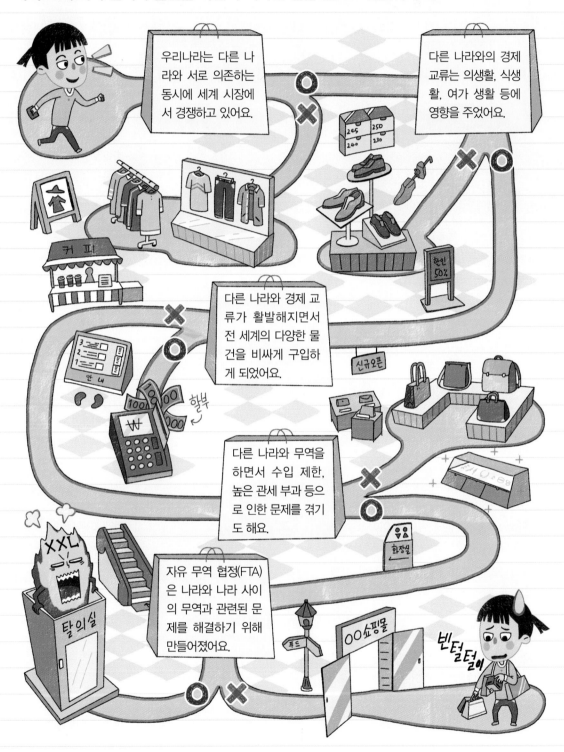

우리나라는 다른 나라와 서로 의존하는 동시에 세계 시장에서 경쟁하고 있어요.

다른 나라와의 경제 교류는 의생활, 식생활, 여가 생활 등에 영향을 주었어요.

다른 나라와 경제 교류가 활발해지면서 전 세계의 다양한 물건을 비싸게 구입하게 되었어요.

다른 나라와 무역을 하면서 수입 제한, 높은 관세 부과 등으로 인한 문제를 겪기도 해요.

자유 무역 협정(FTA)은 나라와 나라 사이의 무역과 관련된 문제를 해결하기 위해 만들어졌어요.

생각 그물!

우리나라의 경제 발전

우리나라 경제 체제의 특징

• 가계와 기업의 경제 활동 •

❶	• 생산 활동의 대가로 소득을 얻고, 기업에서 만든 물건을 소비함. • **합리적 선택**: 적은 비용으로 가장 큰 만족을 얻을 수 있게 함.
기업	• 사람들에게 일자리를 제공하고, 물건과 서비스를 생산하여 판매함으로써 이윤을 얻음. • **합리적 선택**: 적은 비용으로 많은 ❷ 을 얻을 수 있게 함.

• 우리나라 경제의 특징 •

❸	• **개인**: 직업 활동 및 선택의 자유, 소득을 자유롭게 사용할 자유가 있음. • **기업**: 이윤을 얻기 위해 자유롭게 경제 활동을 할 수 있음.
경쟁	• **개인**: 경쟁에서 재능과 실력을 높이려고 노력함. • **기업**: 경쟁에서 앞서려고 값싸고 품질 좋은 물건을 만들고 홍보함.

→ 자유로운 경쟁은 국가 전체의 경제 발전에 도움을 줍니다.

• 바람직한 경제 활동을 위한 노력 •

❹	• 기업이 공정한 경쟁을 할 수 있도록 감시하고, 많은 회사가 제품을 만들어 팔 수 있도록 지원함. • 허위 · 과장 광고를 하지 못하도록 감시함.
시민 단체	특정 기업만 물건을 만들어 가격을 마음대로 올리지 못하도록 감시함.

✏️ 개념 확인 체크! 체크!

☐ 가계와 기업의 경제적 역할을 알고 두 경제 주체의 합리적 선택 방법을 이야기할 수 있어요. • 52쪽, 54~56쪽

☐ 우리나라 경제의 특징과 바람직한 경제 활동을 위한 노력을 이야기할 수 있어요. • 60~63쪽

☐ 우리나라의 시대별 경제 성장 모습과 경제 성장 과정에서 나타난 문제점과 해결 노력을 이야기할 수 있어요. • 66~71쪽

☐ 무역의 뜻과 우리나라와 다른 나라의 경제 관계에 대해 이야기할 수 있어요. • 80~83쪽

☐ 다른 나라와의 경제 교류가 경제생활에 미친 영향과 무역 관련 문제의 원인과 해결 방안에 대해 이야기할 수 있어요. • 84~87쪽

우리나라의 경제 성장

• 우리나라의 경제 성장 •

6 · 25 전쟁 직후	식료품 공업, 섬유 공업 등의 소비재 산업 발달
1960년대	섬유, 신발, 가발, 의류, 합판 산업 등 ❺ 〔_____〕 발달
1970년대	철강, 석유 화학, ❻ 〔____〕 산업 등 중화학 공업 발달
1980년대	자동차, 기계, 전자 산업 등 중화학 공업 발달
1990년대	반도체 산업이 발달했고, 1990년대 후반부 터 전국에 초고속 정보 통신망을 만들었음.
2000년대 이후	• 생명 공학, 우주 항공, 신소재, 로봇 산업 등 ❼ 〔____〕 산업 발달 • 문화 콘텐츠, 의료 서비스, 관광 산업 등 서 비스 산업 발달

↳ **경제 성장에 따른 사회 변화:** 누구나 쉽게 통신 수단과 교
통수단을 이용할 수 있게 되었고, 국민의 생활은 더욱 풍요
롭고 편리해지고 있습니다.

• 경제 성장 과정에서 나타난 문제점과 해결 노력 •

경제적 ❽ 〔____〕	• **시민 단체:** 다양한 봉사 활동 • **국회:** 복지 정책을 위한 여러 법률 제정 • **정부:** 생계비, 양육비, 학비 등 지원
노사 갈등 및 일자리 부족	정부와 기업은 근로 환경을 개선하고 자 대화하고 새로운 일자리 정책을 찾 기 위해 노력함.
환경 오염 및 에너지 부족	• **정부:** 전기 자동차 보급 지원 정책 등 • **기업:** 친환경 제품의 개발·생산·판 매 등 • **시민:** 에너지 절약 운동, 환경 보호 운동 등

세계 속의 우리나라 경제

• 무역 •

뜻	나라와 나라 사이에 물건과 서비스를 사고 파는 것
무역을 하는 까닭	• 나라마다 ❾ 〔____〕과 자본, 기술 등에 차이가 있어 더 잘 생산할 수 있는 물 건이나 서비스가 다르기 때문 • 더 잘 만들 수 있는 물건을 생산하고 상호 교류하면서 경제적 이익을 얻기 때문

• 우리나라와 다른 나라의 경제 관계 •

• 서로 의존하며 경제적으로 교류합니다.
• 서로 도움을 주고받는 동시에 세계 시장에서 경쟁합니다.

• 다른 나라와의 경제 교류가 경제생활에 미친 영향 •

개인	경제 활동의 범위가 넓어졌고, 다양한 물건 을 선택할 수 있는 기회가 늘어났음.
기업	외국 기업과 새로운 기술, 아이디어를 주고 받을 수 있게 되었고, 다른 나라에 공장을 세워 값싼 노동력을 활용하여 제조 및 운반 비용을 줄일 수 있게 되었음.

• 무역 관련 문제의 원인과 해결 방안 •

원인	서로 자기 나라의 경제를 보호하려고 하다 보면 새로운 무역 문제들이 발생할 수 있음.
해결 방안	❿ 〔____〕 설립과 가입, 관련 국내 기관 설립, 세계 여러 나라와의 협상 등을 하 며 다양하게 노력하고 있음.

1 다음은 가계와 기업이 하는 일을 정리한 표입니다. 빈칸에 알맞은 말을 쓰시오.

가계	• 기업의 생산 활동에 참여하고, 그 대가로 ㉠ ( )을/를 얻음. • 소득으로 기업에서 생산한 물건과 서비스를 구매함.
기업	• 가계의 도움을 받아 물건과 서비스를 생산함. • 물건을 생산하여 판매하거나 서비스를 제공해 ㉡ ( )을/를 얻음. • 가계에 ㉢ ( )을/를 제공함.

2 위의 표를 참고하여 가계와 기업의 관계를 쓰시오.

_____

_____

3 다음 표는 우리나라 경제의 특징을 정리한 것입니다. 빈칸에 들어갈 알맞은 말을 쓰시오.

우리나라
경제의 특징

㉠ ( )

• 개인은 자신의 능력과 적성에 따라 자유롭게 직업을 선택할 수 있고, 사람들은 소득을 자유롭게 사용할 수 있음.
• 기업은 이윤을 얻기 위해 자유롭게 경제 활동을 할 수 있음.

㉡ ( )

• 개인은 더 좋은 일자리를 얻으려고 다른 사람과 서로 경쟁함.
• 기업은 더 많은 이윤을 얻으려고 다른 기업과 서로 경쟁함.

4~6 다음 사진을 보고, 물음에 답하시오.

(가) ▲ 로봇 산업

(나) ▲ 의류 산업

(다) ▲ 반도체 산업

(라) ▲ 농업

(마) ▲ 자동차 산업

(바) ▲ 석유 화학 산업

4 위의 (가)~(바)를 우리나라의 경제 성장 모습에 맞게 순서대로 기호를 쓰시오.

(→   →   →   →   →   )

5 위 (가)~(바)에서 경공업과 중화학 공업에 해당하는 것을 모두 골라 각각 기호를 쓰시오.

(1) 경공업

(2) 중화학 공업

6 위 사진을 참고하여 밑줄 친 부분에 들어갈 알맞은 내용을 쓰시오.

우리나라의 경제 성장 모습에서 2000년대 이후부터는 생명 공학, 우주 항공, 신소재 산업, 로봇 산업과 같이

7 다음 경제 성장 과정에서 나타난 문제점과 해결 노력을 바르게 선으로 연결하시오.

(1) 경제적 양극화 •

(2) 노사 갈등 및 일자리 문제 •

(3) 환경 오염 및 에너지 부족 •

• ㉠ 일자리 늘리기, 근로자와 기업 경영자의 갈등 해결을 위한 대화 등

• ㉡ 무료 급식소 운영, 정부의 생계비·양육비·학비 지원 등

• ㉢ 정부의 전기 자동차 보급 지원 정책, 기업들의 친환경 제품 판매 등

8~9 다음 그림을 보고, 물음에 답하시오.

열대 과일, 철광석, 목재, 천연고무

○○ 나라

△△ 나라

배, 자동차, 반도체

8 위 그림과 같이 나라와 나라 사이에 물건과 서비스를 사고파는 것을 무엇이라고 하는지 쓰시오.

(   )

9 위 8번 답이 이루어지는 까닭을 쓰시오.

_____

_____

10 다음 우리나라의 나라별 무역액 비율(2018년)을 보고, 수출액과 수입액이 가장 높은 나라를 각각 쓰시오.

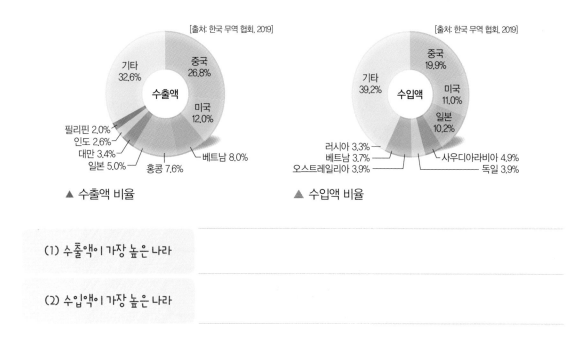

▲ 수출액 비율　　　　　　▲ 수입액 비율

(1) 수출액이 가장 높은 나라

(2) 수입액이 가장 높은 나라

11 다음은 우리나라가 다른 나라와 무역을 하면서 겪는 문제들입니다. 이러한 문제를 해결하는 방법을 한 가지만 쓰시오.

▲ 다른 나라의 수입 제한　　　▲ 높은 관세 부과　　　▲ 수입 거부

중학교 개념 엿보기

우리나라 경제의 최대 위기, IMF 구제 금융 사태

 언니, 어제 텔레비전을 보니까 우리 할아버지, 할머니가 어렸을 때는 먹을 것이 부족해서 다른 나라에서 밀가루나 우유 가루를 얻어 왔대.

 그래. 그런데 그 이후 우리나라 경제는 개인과 기업, 정부가 모두가 함께 노력한 결과, 놀라운 속도로 성장했어. 그리고 지금은 세계 무역 대국이 되었지.

 하지만 우리나라 경제가 꾸준히 성장하기만 한 건 아니라고 하더라.

 응. 우리 경제는 1997년 말에 외환 위기라는 큰 어려움을 겪었어.

 외환 위기? 그게 뭐야?

 외환 위기는 나라에 외환(달러)이 없어서 다른 나라에서 빌려 온 돈을 제때에 갚지 못해 찾아온 위기를 말해. 기업은 외국에서 돈을 빌려 무리하게 사업을 늘렸고, 정부는 잘못된 정책으로 경제를 이끌어 결국 위기가 찾아온 거지.

 그럼, 우리는 이 위기를 극복하기 위해 어떤 일을 했어?

중학교에서 배워!

 우리나라는 이 외환 위기를 극복하기 위해 *국제 통화 기금(IMF)이라는 곳에서 구제 금융을 지원받았어. 또, 정부가 부실 기업과 금융 기관을 구조 조정하고 민간에서 금 모으기 운동 등을 벌인 결과 2001년 국제 통화 기금의 지원금을 모두 갚았어. 이렇게 우리나라의 경제 위기를 극복했지.

*국제 통화 기금(IMF): 전 세계 나라의 경제 성장을 지원하고 외화가 부족할 때 외화를 빌려 주는 기관.

3

세계 여러
나라의
자연과 문화

이 단원을

들어가기 전에

세계 여러 나라의 특징을 나타낸 지도를
살펴보며 숨은 그림을 찾아보세요.

☑ 칼   ☑ 텐트
☑ 안경   ☑ 그믐달
☑ 망원경   ☑ 아이스크림

밀

정답과 해설은
12쪽에 있어!

세계 여러 나라의 정보를 담은 자료는? 세계 지도, 지구본, 디지털 영상 지도

세계 지도

'세계 지도'는 둥근 지구를 평면으로 나타낸 것이에요. ☆ 세계 지도를 활용하면 세계 여러 나라의 위치와 영역을 한눈에 살펴볼 수 있지만, 둥근 지구를 평면으로 나타낸 것이기 때문에 실제 모습과 다른 점이 있어요.

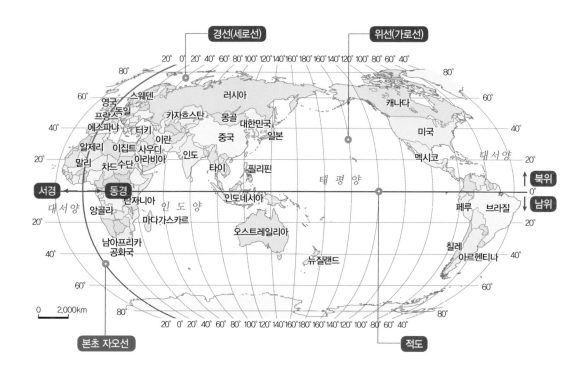

★ 여기서 잠깐!   세계 지도와 지구본의 정보 읽기

- 세계 지도와 지구본에는 위치를 쉽게 나타내기 위해 위선(가로선)과 경선(세로선)이 그려져 있어요.
- 위선과 경선에는 숫자가 적혀 있는데, 이를 위도와 경도라고 해요.
- 적도를 기준으로 북쪽의 위도를 북위, 남쪽의 위도를 남위라고 해요.
- 본초 자오선을 기준으로 동쪽의 경도를 동경, 서쪽의 경도를 서경이라고 해요.

*적도: 지구의 자전축에 대해 직각으로 지구의 중심을 지나도록 자른 평면과 지표면이 만나는 선.
*본초 자오선: 지구의 경도를 결정하는 데 기준이 되는 선으로, 영국의 그리니치 천문대를 지나는 선으로 정함.

지구본

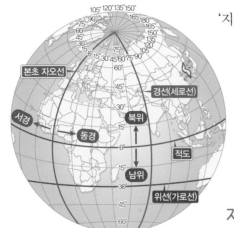

'지구본'은 실제 지구의 모습을 아주 작게 줄인 모형으로 실제 지구처럼 생김새가 둥글어요. 지구본은 세계 여러 나라의 위치와 영토 등의 지리 정보를 세계 지도보다 더 정확하게 담고 있어요. 그러나 전 세계의 모습을 한눈에 보기 어렵고, 가지고 다니기 불편한 단점이 있답니다. ☆ 세계 지도나 지구본에 나타난 위도와 경도를 이용하면 세계 여러 나라의 위치를 숫자로 정확하게 나타낼 수 있답니다.

디지털 영상 지도

'디지털 영상 지도'는 위성 영상이나 항공 사진 등을 바탕으로 스마트폰, 컴퓨터 등 다양한 기기에서 이용할 수 있도록 디지털 정보로 표현된 지도예요. 디지털 영상 지도는 종이 지도와 달리 확대나 축소가 자유롭고, 다양한 정보가 연결되어 있어요. ☆ 세계 지도나 지구본에서 찾기 어려운 다양한 정보를 얻을 수 있지만, 스마트폰이나 컴퓨터가 필요하며 인터넷을 연결해야 다양한 기능을 사용할 수 있어요.

검색창에 찾고자 하는 장소를 입력하면 지도에서 위치를 찾을 수 있음.

자동차, 대중교통, 도보, 자전거의 경로를 찾을 수 있음.

내 위치를 검색할 수 있음.

지도를 위성 사진으로 바꿔 볼 수 있음.

지도를 확대, 축소할 수 있음.

어떤 장소의 실제 모습을 여러 각도에서 살펴볼 수 있음.

위도와 경도를 이용해 나라의 위치를 살펴봐요.

세계 지도나 지구본에 표시된 위도와 경도를 이용해 나라의 위치를 알 수 있어요. 또 어떤 나라의 경도와 위도를 보고 세계 지도나 지구본에서 그 나라의 위치를 찾을 수도 있지요.

우리나라의 위치를 다음 방법에 따라 찾아봐요.

동, 서, 남, 북 끝 지점 찾기	남쪽과 북쪽 끝 지점에 가까운 위선 찾기	동쪽과 서쪽 끝 지점에 가까운 경선 찾기	각 위선과 경선에 표시된 수치 확인하기
동쪽, 서쪽, 남쪽, 북쪽의 끝 선에 붉은 점을 찍어 주세요. 그림 ❶ 참조	남쪽과 북쪽 끝 선에 찍은 붉은 점을 포함하여 위선과 평행하게 점선을 그어주세요. 그림 ❷ 참조	동쪽과 서쪽 끝 선에 찍은 붉은 점을 포함하여 경선과 평행하게 점선을 그어주세요. 그림 ❸ 참조	각 위선과 경선을 따라 올라가 위선에 표시된 수치를 확인하세요.

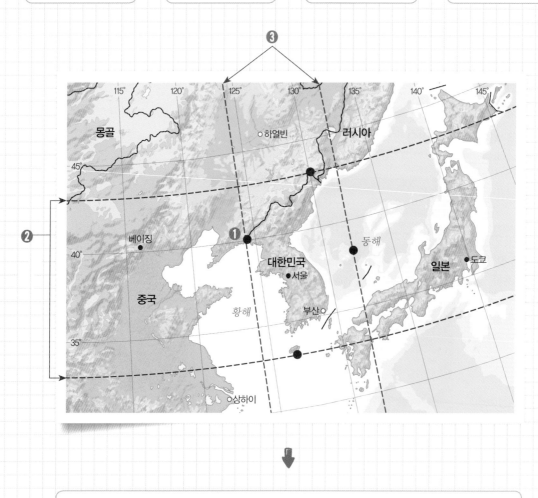

우리나라는 북위 33°~43°, 동경 124°~132° 사이에 있습니다.

세계 여러 나라를 조사할 때는?
세계 지도, 지구본, 디지털 영상 지도 활용

세계 일주를 하기 위해 세계 여러 나라를 조사할 때 세계 지도, 지구본, 디지털 영상 지도를 활용할 수 있어요.

세계 일주 경로

출발 ❶ 서울(대한민국) → ❷ 방콕(타이) → ❸ 뉴델리(인도) → ❹ 이스탄불(터키) →
❺ 프랑크푸르트(독일) → ❻ 뉴욕(미국) → ❼ 칸쿤(멕시코) → ❽ 부에노스아이레스(아르헨티나) →
❶ 서울(대한민국) 도착

▲ 세계 일주 경로를 나타낸 세계 지도

 세계 지도에 방문할 도시를 표시하고 선으로 이어 보면 세계 일주 경로를 한눈에 볼 수 있어요.

 지구본에서 세계를 한 바퀴 돌아오는 길을 짚어 보는 것으로 활용해요.

 디지털 영상 지도를 활용해 각 나라의 주요 관광지와 가는 방법을 미리 찾아보고 정리하면 편리해요.

재미있는 개념 퀴즈!

1 민영이가 세계 여러 나라의 위치와 영역을 한눈에 살펴보기 위해 활용한 다음 자료는 무엇인지 쓰세요.

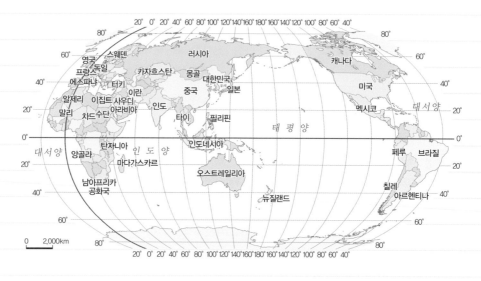

✏️ ┊_____┊

2 현수가 다른 나라 친구에게 우리나라의 위치를 경도와 위도를 이용하여 소개하려고 해요. 우리나라 위치를 나타내는 위도와 경도를 각각 골라 번호를 쓰세요.

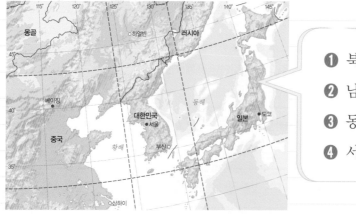

❶ 북위 33°~43°

❷ 남위 33°~43°

❸ 동경 124°~132°

❹ 서경 124°~132°

✏️ 위도: ┊___┊ , 경도: ┊___┊

3 두 친구가 길을 잃어버렸어요. 갈림길에서 세계 지도, 지구본, 디지털 영상 지도에 대한 ○, × 퀴즈를 풀어 길을 찾아 보세요.

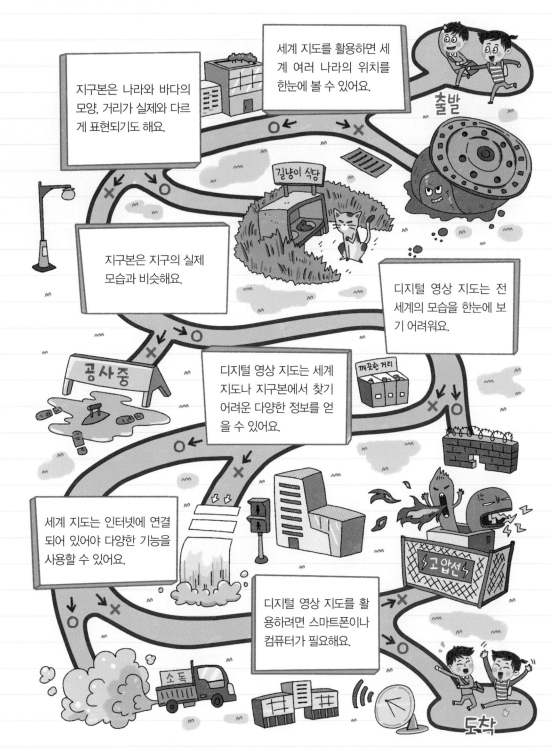

세계 지도를 활용하면 세계 여러 나라의 위치를 한눈에 볼 수 있어요.

지구본은 나라와 바다의 모양, 거리가 실제와 다르게 표현되기도 해요.

길냥이 식당

지구본은 지구의 실제 모습과 비슷해요.

디지털 영상 지도는 전 세계의 모습을 한눈에 보기 어려워요.

공사중

디지털 영상 지도는 세계 지도나 지구본에서 찾기 어려운 다양한 정보를 얻을 수 있어요.

깨끗한 거리

세계 지도는 인터넷에 연결되어 있어야 다양한 기능을 사용할 수 있어요.

고압선

디지털 영상 지도를 활용하려면 스마트폰이나 컴퓨터가 필요해요.

소독

출발

도착

세계의 바다와 육지는? 5대양 6대륙!

세계의 여러 대륙과 대양

지구는 육지와 바다로 이루어져 있어요. 그중에서 육지의 면적은 약 30%, 바다의 면적은 약 70%예요.

다음 세계 지도에서 대륙과 대양의 위치와 범위를 알아봐요.

아시아

우리나라가 속해 있는 대륙으로, 대륙 중에서 가장 크며 세계 육지 면적의 약 30%를 차지함.

유럽

다른 대륙에 비해 면적은 좁지만 많은 나라가 있음.

아프리카

아시아 다음으로 큰 대륙이며 북반구와 남반구에 걸쳐 있음.

인도양

아시아, 아프리카, 오세아니아 등에 인접해 있음.

오세아니아

대륙 중 가장 작으며 남반구에 있음.

대륙은 바다로 둘러싸인 큰 땅덩어리를 말하며, ☆ 아시아, 아프리카, 유럽, 오세아니아, 북아메리카, 남아메리카가 있어요.

대양은 큰 바다를 말하며, ☆ 태평양, 대서양, 인도양, 북극해, 남극해가 있어요.

태평양과 같이 '양'으로 불리는 바다는 매우 큰 바다이고, 북극해와 같이 '해'로 불리는 바다는 육지와 섬이 가로막아 큰 바다와 떨어진 작은 바다를 말해.

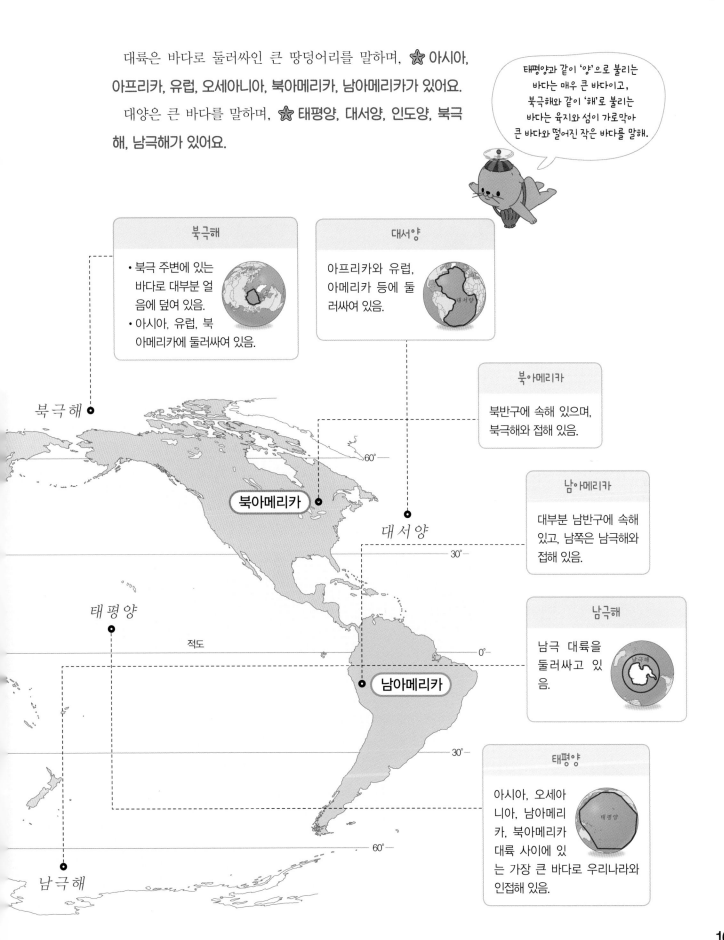

북극해
• 북극 주변에 있는 바다로 대부분 얼음에 덮여 있음.
• 아시아, 유럽, 북아메리카에 둘러싸여 있음.

대서양
아프리카와 유럽, 아메리카 등에 둘러싸여 있음.

북아메리카
북반구에 속해 있으며, 북극해와 접해 있음.

남아메리카
대부분 남반구에 속해 있고, 남쪽은 남극해와 접해 있음.

남극해
남극 대륙을 둘러싸고 있음.

태평양
아시아, 오세아니아, 남아메리카, 북아메리카 대륙 사이에 있는 가장 큰 바다로 우리나라와 인접해 있음.

각 대륙에 속한 나라

각 대륙에는 여러 나라가 있어요. 다음은 세계 지도를 보고 각 대륙에 속한 나라를 정리한 것이에요.

아시아

대한민국, 일본, 중국, 인도, 베트남, 필리핀, 부탄, 사우디아라비아, 시리아, 이라크 등

아프리카

이집트, 소말리아, 케냐, 탄자니아, 짐바브웨, 차드, 모잠비크, 나미비아, 앙골라 등

유럽

노르웨이, 덴마크, 영국, 독일, 프랑스, 스위스, 이탈리아, 바티칸 시국, 세르비아, 헝가리, 에스파냐, 크로아티아, 폴란드 등

북아메리카

캐나다, 미국, 코스타리카, 온두라스, 과테말라, 멕시코 등

남아메리카

브라질, 아르헨티나, 칠레, 우루과이, 수리남, 에콰도르, 볼리비아, 콜롬비아 등

오세아니아

오스트레일리아, 뉴질랜드, 투발루, 마셜, 솔로몬, 미크로네시아, 팔라우 등

어떤 나라는 북반구에 있고, 어떤 나라는 남반구에 있어요. 또 어떤 나라는 바다와 붙어 있고, 어떤 나라는 다른 나라에 둘러싸여 있어요. 그래서 어떤 나라의 범위는 위치한 대륙, 위도와 경도의 범위, 주변에 있는 대양과 나라를 통해 알 수 있어요.

다음은 지구본을 보고 각 대륙에 속해 있는 나라의 위치와 영역을 정리한 것이에요.

캐나다

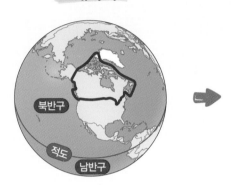

위치한 대륙	북아메리카
위도와 경도 범위	북위 41°~84°, 서경 52°~141°
주변에 있는 대양	북쪽에 북극해가 있음.
주변에 있는 나라	남쪽에 미국이 있음.

뉴질랜드

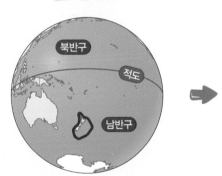

위치한 대륙	오세아니아
위도와 경도 범위	남위 34°~47°, 동경 166°~179°
주변에 있는 대양	북쪽에 태평양이 있음.
주변에 있는 나라	북서쪽에 오스트레일리아가 있음.

프랑스

위치한 대륙	유럽
위도와 경도 범위	북위 41°~51°, 서경 5°~동경 8°
주변에 있는 대양	서쪽에 대서양이 있음.
주변에 있는 나라	동쪽에 독일이 있음.

세계 여러 나라 영토의
면적과 모양은? 다양해!

세계 여러 나라는 영토의 면적과 모양이 달라요. 다음 세계 지도를 보면 각 나라 영토의 면적
과 모양이 다르다는 것을 쉽게 알 수 있어요.

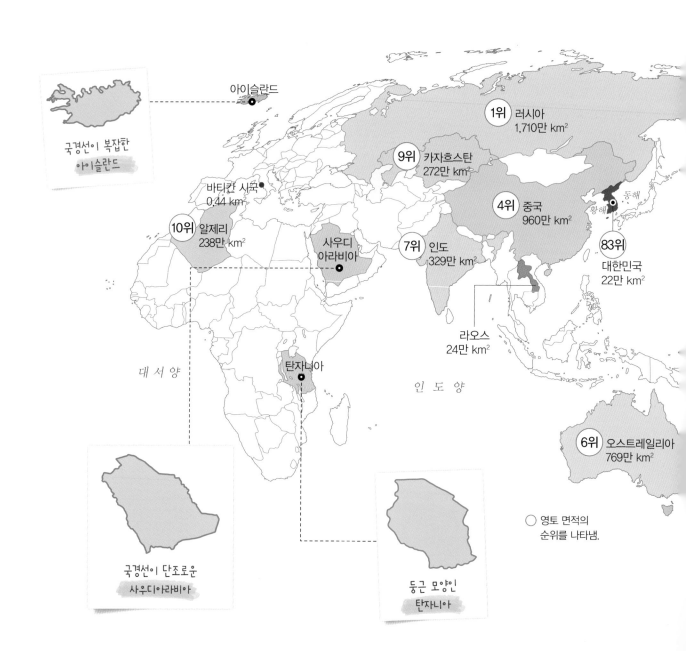

아이슬란드

국경선이 복잡한
아이슬란드

1위 러시아
1,710만 km²

9위 카자흐스탄
272만 km²

바티칸 시국
0.44 km²

4위 중국
960만 km²

동해

황해

10위 알제리
238만 km²

사우디
아라비아

7위 인도
329만 km²

83위

대한민국
22만 km²

대 서 양

탄자니아

인 도 양

라오스
24만 km²

6위 오스트레일리아
769만 km²

○ 영토 면적의
순위를 나타냄.

국경선이 단조로운
사우디아라비아

둥근 모양인
탄자니아

☆ 세계에서 영토의 면적이 가장 넓은 나라는 러시아이며, 캐나다, 미국 순으로 면적이 넓어요.
또 세계에서 영토의 면적이 가장 좁은 나라는 이탈리아 로마 시내에 있는 바티칸 시국이에요.

우리나라 영토의 면적은 세계에서 83번째로 넓으며, 우리나라 영토의 면적과 비슷한 나라로는 아
시아 대륙의 라오스와 남아메리카 대륙의 가이아나가 있어요.

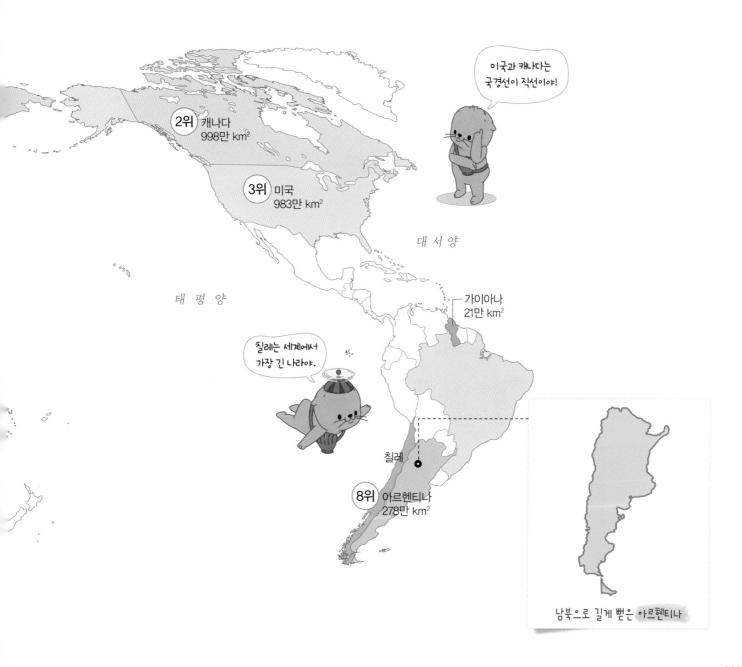

미국과 캐나다는
국경선이 직선이야!

2위 캐나다
998만 km²

3위 미국
983만 km²

대 서 양

태 평 양

가이아나
21만 km²

칠레는 세계에서
가장 긴 나라야.

칠레

8위 아르헨티나
278만 km²

남북으로 길게 뻗은 아르헨티나

재미있는 개념 퀴즈!

1 다음 중 각 대륙에 대해 잘못 설명을 하고 있는 어린이는 누구인지 쓰세요.

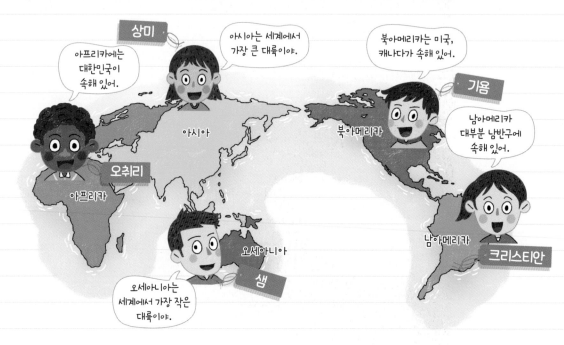

2 머나먼 사막 속 신비의 아그라바 왕국에서 친구들이 이야기를 하고 있어요. 친구들이 이야기하는 바다는 어디인지 쓰세요.

3 러시아, 캐나다, 미국이 서로 자기네 영토 면적이 넓다고 싸우고 있어요. 영토 면적이 넓은 나라부터 순서대로 쓰세요.

┌─────────────┐ > ┌─────────────┐ > ┌─────────────┐
│   │   │   │   │   │
└─────────────┘   └─────────────┘   └─────────────┘

4 친구들이 세계 여러 나라의 영토 모양을 설명하고 있어요. 설명에 해당하는 영토를 보기 에서 골라 이름을 쓰세요.

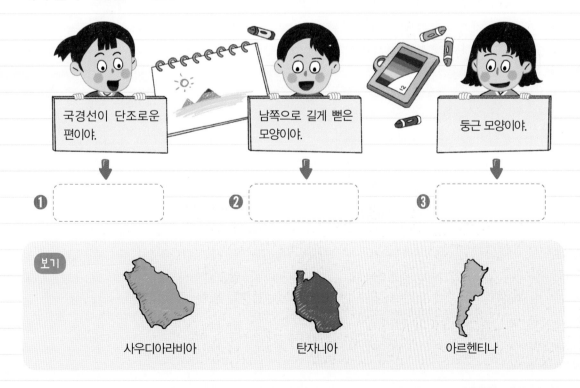

세계의 기후는? 다양하게 나타나!

*기후: 일정한 지역에서 여러 해에 걸쳐 나타나는 평균적인 날씨.

☆ 세계의 *기후는 열대 기후, 건조 기후, 온대 기후, 냉대 기후, 한대 기후, 고산 기후 등으로 나눌 수 있어요. 세계는 적도 지방에서 극지방으로 갈수록 기온이 점차 낮아지는데, 이는 기후 형성에 큰 영향을 미쳐요. 또, 각 나라의 위치나 지형에 따라 기후가 다르게 나타나기도 해요.

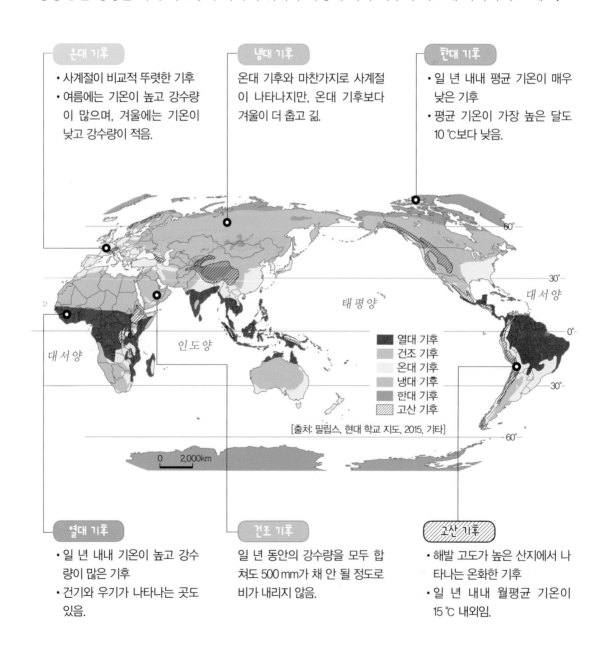

온대 기후
• 사계절이 비교적 뚜렷한 기후
• 여름에는 기온이 높고 강수량이 많으며, 겨울에는 기온이 낮고 강수량이 적음.

냉대 기후
온대 기후와 마찬가지로 사계절이 나타나지만, 온대 기후보다 겨울이 더 춥고 긺.

한대 기후
• 일 년 내내 평균 기온이 매우 낮은 기후
• 평균 기온이 가장 높은 달도 10 ℃보다 낮음.

태평양

대서양

대서양

인도양

열대 기후
건조 기후
온대 기후
냉대 기후
한대 기후
고산 기후

[출처: 필립스, 현대 학교 지도, 2015, 기타]

0　2,000km

열대 기후
• 일 년 내내 기온이 높고 강수량이 많은 기후
• 건기와 우기가 나타나는 곳도 있음.

건조 기후
일 년 동안의 강수량을 모두 합쳐도 500 mm가 채 안 될 정도로 비가 내리지 않음.

고산 기후
• 해발 고도가 높은 산지에서 나타나는 온화한 기후
• 일 년 내내 월평균 기온이 15 ℃ 내외임.

기후에 따라 달라!
사람들의 생활 모습

열대 기후 지역

열대 기후는 다음과 같이 적도를 중심으로 한 저위도 지역에 널리 나타나요. 열대 기후 지역 중에는 연중 비가 많이 내려 밀림을 이루는 곳이 있고, 동아프리카 일대처럼 건기와 우기가 번갈아 나타나 초원이 넓게 나타나는 곳도 있어요.

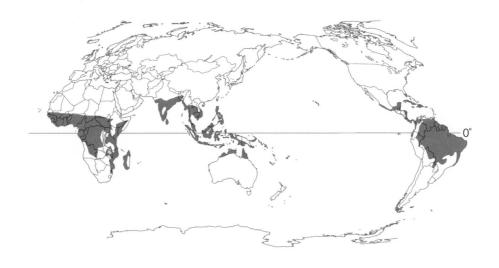

*화전 농업: 밭을 만들기 위해 숲을 태우고 그 남은 재를 이용해 농작물을 기르는 농업 방식.

☆ 열대 기후 지역에서는 전통적으로 °화전 농업 방식을 활용해 얌, 카사바 등을 재배했어요. 요즘에는 바나나, 기름야자, 커피를 대규모로 재배하며 생태 관광 산업도 발달하고 있어요.

농업   생태 관광

▲ 화전 농업

▲ 열대 작물 재배

▲ 사파리 관광 산업

건조 기후 지역

　건조 기후는 주로 위도 20° 일대와 중앙아시아처럼 바다와 멀리 떨어진 곳에 나타나요. 건조 기후 지역 중에는 아프리카 사하라처럼 강수량이 매우 적어 사막이 널리 나타나는 곳도 있고, 중앙아시아처럼 약간의 비나 눈이 내려 초원이 넓게 나타나는 곳도 있어요.

　☆ 사막 지역의 사람들은 오아시스나 나일강과 같은 강 주변에서 농사를 지으며 살아가요. 초원 지역의 사람들은 전통적으로 물과 풀을 찾아 가축과 함께 이동하는 유목 생활을 하며 살아가요.

▲ 사막 지역의 마을

▲ 나일강 주변의 농경지

▲ 모코로의 진흙집

아프리카의 사막 지역에서 볼 수 있는 모습

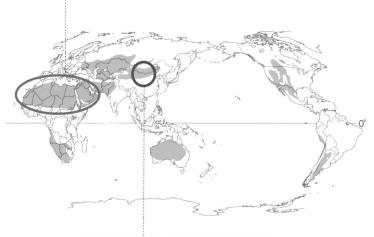

몽골의 초원 지역에서 볼 수 있는 모습

▲ 몽골 초원에서 집을 짓고 있는 모습

▲ 몽골 전통 가옥 게르 실외

▲ 몽골 전통 가옥 게르 실내

온대 기후 지역

온대 기후는 사계절이 비교적 뚜렷한 기후로 중위도 지역에 주로 나타나요. 온대 기후 지역 중에는 서부 유럽처럼 일 년 내내 비가 고르게 내리는 곳도 있고, 지중해 주변처럼 여름보다 겨울에 강수량이 많은 곳도 있어요.

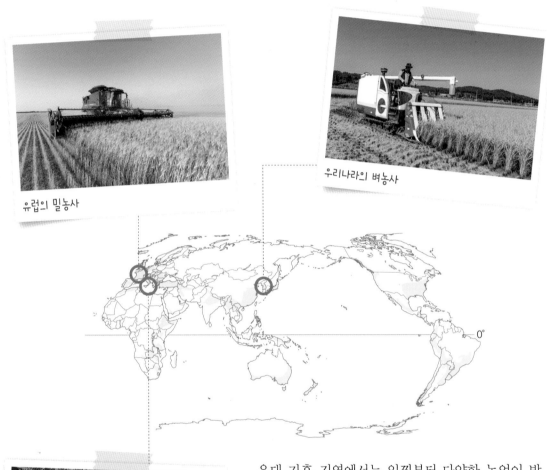

유럽의 밀농사

우리나라의 벼농사

지중해 주변의 올리브 재배

온대 기후 지역에서는 일찍부터 다양한 농업이 발달했어요. ☆ 유럽에서는 주로 밀을 재배하며, 아시아에서는 벼농사를 지어요. 또 지중해 주변 지역에서는 올리브나 포도를 많이 재배해요.

한편, 온대 기후 지역은 인구가 많고 여러 산업이 발달했어요.

냉대 기후 지역

냉대 기후는 러시아의 시베리아, 캐나다와 같이 북반구의 중위도와 고위도 지역에 널리 분포해요. 온대 기후와 마찬가지로 사계절이 뚜렷한 편이지만, 온대 기후에 비해 겨울이 길어요.

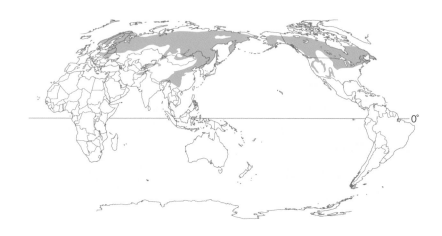

냉대 기후 지역은 여름에는 밀, 감자, 옥수수 등을 재배할 수 있지만, 겨울에는 농사를 짓기 어려워요. 또, ☆ 잎이 뾰족하고 재질이 부드러운 침엽수림이 널리 분포해 목재와 *펄프의 세계적인 생산지가 되기도 해요.

*펄프: 종이 등을 만들기 위해 나무 등의 섬유 식물에서 뽑아낸 재료.

▲ 펄프용 목재 생산　　▲ 펄프 공업　　▲ 러시아의 전통 가옥 이즈바

◀ 냉대 기후 지역의 침엽수림

한대 기후 지역

한대 기후는 고위도 지역에 주로 나타나요. 이곳은 평균 기온이 낮아 땅속이 계속 얼어 있어요.

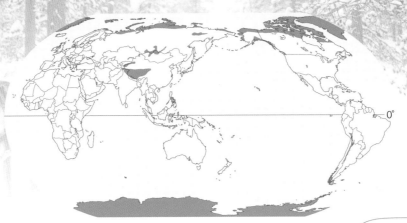

한대 기후 지역에서는 땅이 꽁꽁 얼어 있어서 송유관을 땅속에 묻지 않고 거치대 위에 설치했어.

☆ 한대 기후 지역의 주민들은 여름에 얼음이 녹아 이끼나 풀이 자라는 땅에서 순록을 기르는 유목 생활을 하기도 해요. 또 이 지역은 석유와 천연가스 등이 풍부해 자원 개발이 활발해요.

▲ 순록을 기르는 유목 생활

▲ 알래스카를 통과하는 송유관

최근에는 한대 기후 지역의 자연환경을 연구하려고 여러 나라가 이곳에 연구소나 기지를 세우고 있어요. 우리나라도 남극 지방에 세종 과학 기지와 장보고 과학 기지, 북극 지방에 다산 과학 기지를 세워 극지방의 자연환경 연구에 힘을 쏟고 있어요.

남극 장보고 과학 기지

119

재미있는 개념 퀴즈!

1 수진이가 다트 놀이를 하고 있어요. 다트 판에 꽂힌 화살을 보고 수진이의 최종 점수는 몇 점인지 쓰세요.(단, 화살이 바른 설명이 적혀 있는 부분을 맞히면 5점을 얻고, 잘못된 설명이 적혀 있는 부분을 맞히면 3점을 잃어요.)

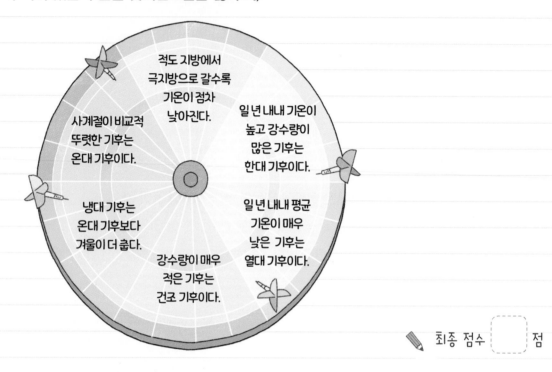

✏️ 최종 점수 [   ] 점

2 건조 기후 지역에서 범죄 사건이 일어났어요. 건조 기후 지역에서 볼 수 있는 모습이 적혀 있는 판을 들고 있는 사람이 범인이에요. 범인은 누구인지 쓰세요.

3 경민이와 현경이가 열대 기후 지역에 여행을 갔어요. 이 지역에서 볼 수 없는 모습을 찾아 ○표 하세요.

4 다음 사진과 초성 퀴즈를 이용하여 이 지역의 기후와 생활 모습을 설명한 내용을 완성하려고 해요. 빈칸에 알맞은 내용을 순서대로 쓰세요.

❶ ㄴ ㄷ 기후 지역은 잎이 뾰족하고 재질이 부드러운 ❷ ㅊ ㅇ ㅅ ㄹ 이 널리 분포해 ❸ ㅁ ㅈ 와 펄프의 세계적인 생산지입니다.

✏️ ❶ ⬚ ⬚ , ❷ ⬚ ⬚ ⬚ ⬚ , ❸ ⬚ ⬚

▶ 정답과 해설 13쪽

자연환경과 인문 환경에 따라 달라! 세계 여러 나라 사람들의 생활 모습

☆ 세계 각 지역의 지형, 기후 등 자연환경과 풍습, 종교 등 인문 환경이 그곳에 사는 사람들의 생활 모습에 영향을 미치기 때문에 세계 여러 나라 사람들의 생활 모습은 매우 다양해요.

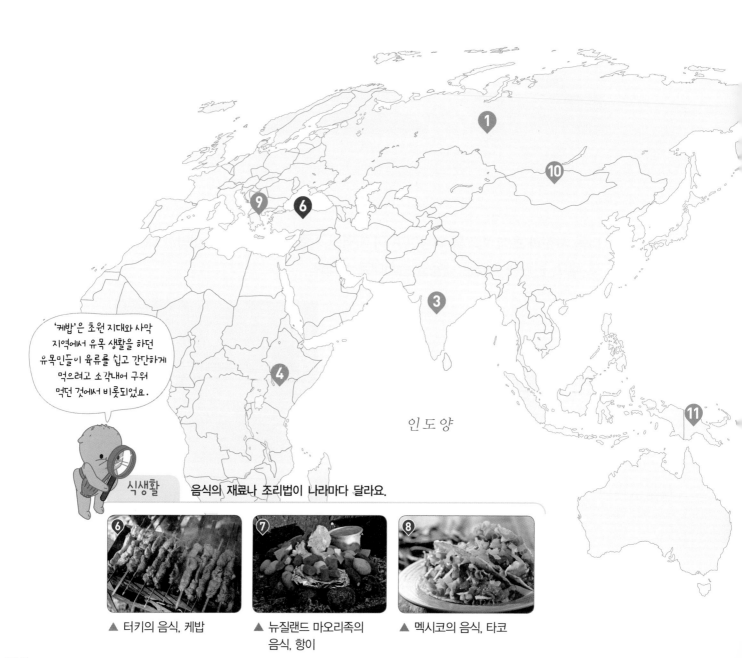

'케밥'은 초원 지대와 사막 지역에서 유목 생활을 하던 유목민들이 육류를 쉽고 간단하게 먹으려고 소 각내어 구워 먹던 것에서 비롯되었어요.

인도양

식생활 음식의 재료나 조리법이 나라마다 달라요.

▲ 터키의 음식, 케밥

▲ 뉴질랜드 마오리족의 음식, 항이

▲ 멕시코의 음식, 타코

옷의 형태나 소재가 나라마다 달라요.

▲ 러시아의 우샨카

▲ 멕시코의 솜브레로

▲ 인도의 전통 복장, 사리

▲ 케냐 마사이족의 전통 복장, 시카

▲ 북극 지방 이누이트족의 전통 복장, 아노락

> 힌두교를 믿는 인도에서는 옷감을 자르거나 바느질하는 것을 바람직하지 않게 여기지 않기 때문에 인도의 전통 복장인 '사리'를 한 장의 천으로 만들었어.

북극해

태평양

대서양

> 열대 지역의 '고상 가옥'은 땅에서 올라오는 열기와 습기를 피하고 바람이 잘 통하게 하기 위해서 집을 땅에서 떨어지게 지었어.

주생활 집을 짓는 재료나 집의 모양이 달라요.

▲ 그리스의 하얀 벽 집

▲ 몽골의 게르

▲ 파푸아 뉴기니의 고상 가옥

남대양

환경이 세계 여러 나라 사람들의 생활 모습에 미치는 영향을 조사해 봐요.

세계 여러 나라의 자연환경과 인문 환경은 매우 다양하며 이에 따라 각기 다른 생활 모습이 나타나요. 환경이 세계 여러 나라 사람들의 생활 모습에 미치는 영향을 다음과 같은 순서로 조사하여 보고서를 작성해 볼까요?

주제 정하기	결과 예상하기	조사 계획 세우기	자료를 수집하고 분석하기	결과 정리하기
모둠별로 세계 여러 나라나 지역의 생활 모습 중에서 관심 있는 것을 주제로 정함.	모둠별로 주제로 정한 생활 모습이 나타나는 까닭을 예상해 봄.	예상한 내용을 확인할 수 있도록 조사할 내용과 방법을 정하고 모둠 내에서 역할을 나누어 맡음.	조사 계획에 따라 자료를 수집하고 생활 모습에 영향을 준 원인을 찾아봄.	한 나라나 지역의 독특한 생활 모습에 영향을 준 원인을 정리해 결론을 내림.

탐구 보고서 - 몽골의 게르

○○ 모둠

몽골 유목민들은 '게르'라고 불리는 집에 삽니다. 이러한 주거 형태에 영향을 미친 환경 요인은 무엇인지 알아봤습니다.

몽골의 지형	· 국토의 대부분이 평균 고도가 높은 고원 지대임. · 국토의 동쪽에는 초원 지대, 서쪽에는 높은 산, 남쪽에는 사막, 북쪽은 삼림이 분포함.
몽골의 기후	· 연 강수량이 적고 계절별로 기온 차가 큼. · 여름이 짧고 겨울이 깊.
몽골 사람들의 유목 생활	· 겨울이 길고 비가 적게 내려 농사를 짓기 어려움. · 가축이 먹는 짧은 풀이 자라는 초원에서 유목 생활을 함.
게르의 특징과 생활 모습	· 게르는 뼈대를 이루는 나무와 뼈대를 덮는 천막(양털로 짠 펠트)으로 이루어져 있음. 쉽고 빠르게 조립 또는 분해할 수 있어 가축과 함께 자주 이동해야 하는 유목 생활에 유리함. · 천막은 여름의 강한 햇볕을 반사하고 겨울의 추위를 막아 주기 때문에 여름에는 시원하고 겨울에는 따뜻함. · 게르 내부에는 난로가 있으며, 가축의 배설물을 연료로 사용해 요리와 난방을 함.  ▲ 게르
결론	· 게르는 몽골의 지형과 기후에 따라 유목 생활을 하고 있는 몽골 사람들에게 적합한 주거 형태임. · 사람들은 주위에서 구하기 쉬운 재료로 집을 지음. 집의 모양은 지형과 기후의 영향을 받으며, 생활 방식과 관련이 있음.

이해하고 존중해야 해!
세계 여러 나라 사람들의 생활 모습

세계 여러 나라 사람들의 생활 모습은 환경에 따라 다르게 나타나요. 그러므로 ☆ 우리는 세계 여러 나라 사람들의 서로 다른 생활 모습을 이해하고 존중하려는 마음가짐을 가져야 해요.

나라마다 음식을 먹는 모습이 다른 건 이상한 일이 아니야.

인도는 다른 사람이 사용하던 식기를 사용하는 것보다 자신의 손으로 먹는 것이 더 깨끗하다고 생각해서 맨손으로 식사를 함. 단, 왼손은 불결하다고 여기기 때문에 오른손만 사용함.

옛날 영국 사람들은 마차를 타고 다녔는데 마차를 몰 때 마부가 휘두르는 채찍에 다치지 않도록 마부가 오른쪽에 앉았음. 이러한 풍습이 이어져 영국의 자동차 운전석은 오른쪽에 있음.

'시에스타'는 에스파냐, 그리스 등에서 볼 수 있는 낮잠을 자는 풍습으로, 사람들은 점심 식사 후 한두 시간 동안 낮잠을 자거나 휴식을 취하고 상점이나 음식점 등은 문을 닫기도 함.

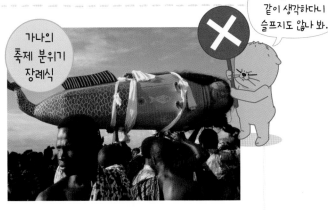

장례식장을 축제와 같이 생각하다니 슬프지도 않나 봐.

가나의 어느 부족은 죽음이 새로운 출발이나 여행이라고 생각하여 음악을 틀고 춤을 추는 등 축제 같은 분위기로 장례를 치름.

재미있는 개념 퀴즈!

1 세계 여러 나라의 어린이들이 자기 나라의 전통 복장에 대해 이야기하고 있어요. <u>잘못된</u> 이야기를 하고 있는 어린이는 누구인지 쓰세요.

2 퀴즈 대회에서 승기가 낸 퀴즈를 윤아가 맞추는 장면이에요. 윤아가 말한 정답이 무엇인지 쓰세요.

126

3 다음은 열대 기후 지역에 사는 포비의 집입니다. 포비의 집 바닥을 땅에서 떨어지게 지은 까닭을 모두 골라 번호를 쓰세요.

❶ 추위를 막으려고
❷ 열기와 습기를 피하려고
❸ 힌두교의 영향을 받아서
❹ 바람이 잘 통하게 하려고

4 세계 여러 나라의 다양한 생활 모습을 대하는 바람직한 태도를 가진 어린이에게 선생님이 햄버거를 주신다고 하셨어요. 빨대를 타고 내려가면 햄버거를 받은 어린이를 알 수 있대요. 햄버거를 받은 어린이는 누구인지 번호를 쓰세요.

알아보자! 우리나라와 이웃한 중국, 일본, 러시아

중국의 자연적, 인문적 특성

자연 { 우리나라의 서쪽에 있는 중국은 영토가 넓고 지역마다 다양한 지형과 기후가 나타나요. ☆ 서쪽에는 고원과 산지가, 동쪽 해안에는 평야가 발달하여 서쪽에서 동쪽으로 갈수록 지형이 낮아져요.

인문 { 동부 지역 바닷가에 주요 항구와 대도시가 있으며, 세계에서 인구가 가장 많고 여러 가지 산업이 발달했어요.

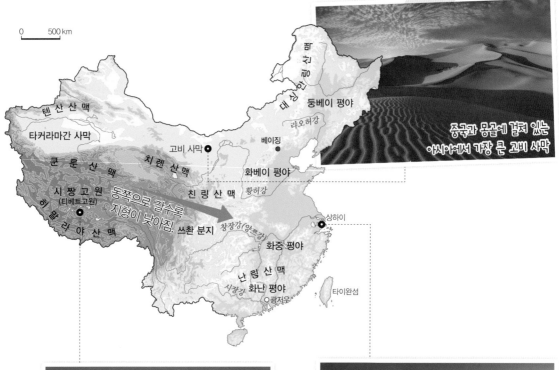

0   500 km

텐산산맥

타커라마칸 사막

쿤룬산맥

치롄산맥

고비 사막

베이징

둥베이 평야

랴오허강

다싱안링

화베이 평야

시짱고원
(티베트고원)

히말라야산맥

동쪽으로 갈수록
지형이 낮아짐.

친링산맥

황허강

쓰촨 분지

창장강(양쯔강)

상하이

화중 평야

난링산맥

시장강 화난 평야

광저우

타이완섬

중국과 몽골에 걸쳐 있는
아시아에서 가장 큰 고비 사막

세계의 지붕이라고 불리는 시짱(티베트)고원

동부 지역 바닷가에 있는 주요 항구 도시인 상하이

일본의 인문적, 자연적 특성

자연
  우리나라의 동쪽에 있으며 우리나라와 위도가 비슷한 일본은
  네 개의 큰 섬과 3,000개가 넘는 작은 섬들로 이루어져 있어요.
  ☆ 국토 대부분이 산지이며, 화산이 많고 지진 활동이 활발해요.
  섬나라이기 때문에 습하고 비와 눈이 많이 내려요.

인문
  일본은 원료 수입과 제품 수출에 유리한 태평양 연안을
  따라 공업 지역이 발달했어요.

도쿄를 중심으로 한 게이힌 공업 지역

홋카이도
삿포로

센다이

혼 슈
도쿄
후지산

교토
오사카

시코쿠

태평양

후쿠오카
규 슈

가고시마

0 100 km

오키나와

지진이 발생한 후쿠시마현

온천이 발달한 아소산

129

러시아의 자연적, 인문적 특성

자연 { 우리나라의 북쪽에 있는 러시아는 세계에서 영토가 가장 넓은 나라이며, 위도가 높아 냉대 기후가 널리 나타나요. 동부는 주로 고원과 산악 지대이며, 서부는 평원이 넓게 자리해요.

인문 { ☆ 대부분의 인구가 서남부 평원 지역에 집중해 있어요. 또 풍부한 천연자원을 바탕으로 한 산업이 발달했지요..

아시아와 유럽을 구분하는 경계가 되는 산맥

겨울철 추위로 유명한 오이먀콘

동유럽 평원
모스크바
유럽
아시아
볼가강
서시베리아 저지대
우랄산맥
오비강
예니세이강
중앙시베리아고원
레나강
베르호얀스크산맥
오이먀콘
사얀산맥
바이칼호
콜리마산맥
블라디보스토크

0   800 km

세계 여러 나라에 수출되는 천연가스

다음 지도는 우리나라와 이웃한 나라인 중국, 일본, 러시아의 인구 분포를 알 수 있는 인구분포도예요. 이웃 나라에서 인구가 많은 지역의 지형 특징을 살펴보면 평야 지역, 해안가이거나 큰 강이 있는 곳이에요. 이렇게 인구가 많은 지역은 대도시와 산업이 발달했어요. 또 인구가 많은 지역에서는 가까운 나라와 교류가 활발할 것이라고 예측할 수 있어요.

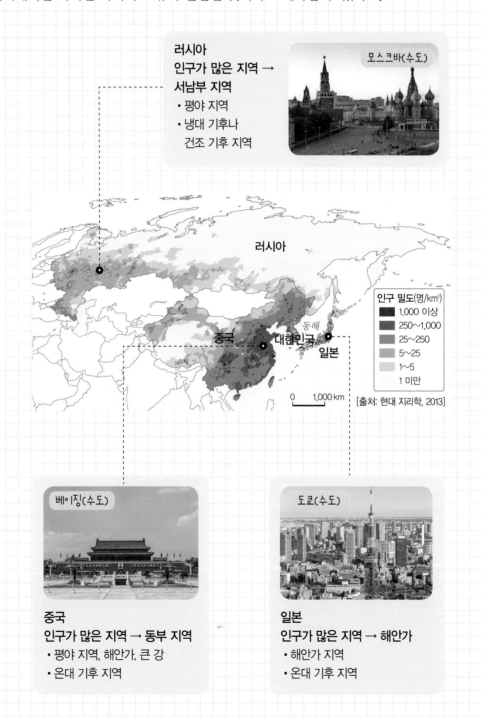

러시아
인구가 많은 지역 →
서남부 지역
· 평야 지역
· 냉대 기후나
  건조 기후 지역

모스크바(수도)

러시아

중국

동해

대한민국

일본

인구 밀도(명/km²)
1,000 이상
250~1,000
25~250
5~25
1~5
1 미만

0   1,000 km   [출처: 현대 지리학, 2013]

베이징(수도)

중국
인구가 많은 지역 → 동부 지역
· 평야 지역, 해안가, 큰 강
· 온대 기후 지역

도쿄(수도)

일본
인구가 많은 지역 → 해안가
· 해안가 지역
· 온대 기후 지역

생활 모습을 비교해 보자!
우리나라와 이웃한 나라

중국과 일본의 생활 모습은 우리나라와 비슷한 부분이 많아요. ☆ 지리적으로 가까워 옛날부터 서로 오가면서 자연스럽게 문화를 주고받았기 때문이에요. 그러나 자연환경과 역사, 사람들의 생각 등이 다르기 때문에 이웃 나라이지만 서로 다른 고유한 문화도 있어요.

그러나 러시아의 생활 모습은 유럽과 비슷해요. 이는 영토의 대부분이 아시아에 속하지만 대다수의 사람들이 유럽에 가까운 서부 지역에 살기 때문이랍니다.

우리나라와 이웃 나라의 문자 비교

☆ 우리나라와 중국, 일본의 문자는 한자의 영향을 받아 비슷해요. 이러한 까닭은 지리적으로 가까이 있어 오래전부터 활발하게 교류했기 때문이에요. 그러나 러시아 문자는 그리스 문자에 바탕을 둔 키릴 문자가 변형된 것으로 다르답니다.

한자 영향

學校
배울(학) 학교(교)

우리나라(한글)　중국(한자)　일본(가나)

학교 ｜ 学校 ｜ 学校

▲ 일본의 문자는 중국의 한자와 한자의 일부를 변형하거나 간단하게 만든 '가나'를 사용하고, 우리나라는 한자어를 많이 사용함.

그리스 문자 영향

σχολειό
학교

러시아(러시아어)

Школа

▲ 그리스 문자에 바탕을 둔 키릴 문자가 변형되어 이루어졌음.

우리나라와 이웃 나라의 식생활 비교

☆ 우리나라와 중국, 일본은 식사할 때 모두 숟가락, 젓가락을 사용해요. 이는 고대 중국에서 사용하던 젓가락이 우리나라와 일본에 전해졌기 때문이에요. 그러나 러시아는 젓가락을 쓰는 우리나라, 중국, 일본과 달리 포크, 나이프, 숟가락을 써요.

금속 젓가락 사용 젓가락으로 집는 반찬이 무게가 있고, 김치처럼 절인 음식이 많아 국물이 스며들지 않는 금속 젓가락을 사용함.

길고, 끝이 뭉툭한 젓가락 사용 둥글고 큰 식탁에 빙 둘러앉아 음식을 한가운데 두고 먹기 편하도록 젓가락이 깊. 또, 뜨겁고 기름진 음식이 미끄러지지 않도록 끝이 뭉툭함.

끝이 뾰족한 나무젓가락 섬나라 특성상 쉽게 녹슬지 않는 나무로 젓가락을 만들고, 생선 요리가 많아 가시를 편하게 바를 수 있도록 젓가락의 끝이 뾰족함.

코스 요리 문화 빵을 주식으로 하며, 포크, 나이프, 숟가락을 이용해 식사를 함. 추운 날씨 때문에 차례로 음식을 내게 되었는데, 이러한 코스 요리 문화가 유럽에 전해졌음.

🌸 **여기서 잠깐!** **이웃 나라의 새해 첫날 모습**

우리나라는 설날 아침이 되면 나이와 복을 삼키는 의미로 떡국을 먹어요. 이웃 나라도 우리나라의 설날처럼 새해를 맞이하는 날이 있는데 중국은 춘절, 일본은 오쇼가쓰, 러시아는 노비 고트라고 해요. 이날의 풍습은 나라마다 조금씩 다르지만, 행운을 빌며 새로운 한 해를 맞이하는 마음은 비슷해요.

중국 '복'자를 거꾸로 붙여 놓는 풍습이 있음.

일본 신사나 절을 찾아 한 해의 행운을 비는 것으로 새해를 시작함.

러시아 새해가 시작되면 샴페인을 터트리고 덕담과 선물을 주고받으며, 스카이 랜턴을 띄움.

재미있는 개념 퀴즈!

1 초성 퀴즈의 답을 적어 내면 빙수를 주는 '빙수 먹기 이벤트'를 하고 있어요. 이벤트에 응모할 수 있도록 각 초성 퀴즈의 답을 빈칸에 쓰세요.

이벤트 기간: 20○○년 ○월 ○일 ~ ○월 ○일

우리나라와 이웃한 나라 맞추기
빙수 먹기 이벤트!

01 초성 Quiz

세계에서 인구가 가장 많은 나라는?

ㅈ ㄱ

프리미엄 빙수

02 초성 Quiz

4개의 큰 섬과 3,000개가 넘는 작은 섬으로 이루어진 나라는?

ㅇ ㅂ

딸기 빙수

03 초성 Quiz

세계에서 영토가 가장 넓은 나라는?

ㄹ ㅅ ㅇ

초코 빙수

✏ **01** ☐ ☐ , **02** ☐ — ☐ , **03** ☐ ☐ ☐

2 텔레비전에서 리포터가 인터뷰를 하고 있는 나라는 어디인지 쓰세요.

3 폭탄 돌리기 놀이 중 우리나라와 중국, 일본의 공통된 생활 모습을 잘못 말하면 폭탄이 터져요. 누구의 폭탄이 터졌는지 쓰세요.

➡ 정답과 해설 14쪽

정치, 경제, 문화 분야에서 교류해! 우리나라와 이웃한 나라

우리나라는 이웃 나라와 활발한 교류를 하고 있어요. 그것은 ⭐ 거리가 가까운 만큼 영향을 긴밀하게 주고받는 관계이기 때문이에요. 다음과 같이 우리나라와 이웃 나라는 경제, 정치, 문화 분야에서 교류하고 있다는 것을 알 수 있어요.

우리나라와 이웃 나라의 교류 모습

경제 교류

한국, 중국, 일본, 러시아의 에너지 협력 사례

러시아와 고비 사막 지역의 풍부한 신재생 에너지원을 지역 내 최대 전력 수요처인 한국, 중국, 일본에 공급하고자 4개국의 정부 연구 기관과 민간 기업들이 활발하게 논의하고 있음.

이웃 나라에서 생산된 물건

이웃 나라에서 생산된 물건을 우리나라에서 판매함.

우리나라와 이웃 나라 간 무역 현황

구분	수출 비중	수입 비중
중국	1위 (26.5%)	1위 (19.0%)
일본	5위 (5.3%)	3위 (10.7%)
러시아	16위 (1.2%)	10위 (2.8%)

[출처: 한국 무역 협회, 2018]
※ 우리나라의 총수출액, 총수입액을 기준으로 한 순위임

- 중국은 우리나라와의 수입, 수출이 모두 1위임.
- 일본은 우리나라 무역 규모에서 큰 비중을 차지함.
- 러시아로 수출하는 것보다 수입하는 비중이 더 큼.

정치 교류

미세 먼지 해결 방안 공동 논의

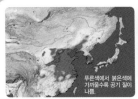 

▲ 미국 항공 우주국이 공개한 공기 오염 지도

▲ 한·중·일 환경 장관 회의

한국, 중국, 일본의 환경 장관들이 모여 미세 먼지 문제에 대해 함께 대처하고 해결하기 위한 노력을 약속했음. 각 나라는 협력 기구를 만들고, 대기질 관리, 환경 정보 수집 등 미세 먼지와 관련된 정책과 기술을 공유할 예정임.

한국·러시아, 정상 회담 개최

한국과 러시아의 정상 회담에서 자유 무역 협정(FTA) 협상을 시작하기 위한 절차를 추진하고, 유라시아 극동 지역을 개발하기 위해 철도·가스·전력 사업 부문 등에서 서로 협력하기로 함.

문화 교류

문화 콘텐츠 산업의 교류

○○신문   20△△년 △△월 △△일

한·중·일 합작 만화 영화, 국내 개봉

만화 영화계에서 큰 주목을 받은 한·중·일 합작 영화가 우리나라에서 개봉되었다. 이 영화는 중국에서 개봉했을 때 흥행 수익 940억 원을 기록하며 큰 사랑을 받았다.

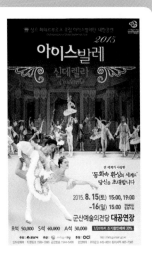

이웃 나라에서 만들어진 영화나 만화, 드라마를 본 적이 있음.

우리나라에서 러시아 발레단의 공연을 본 적 있음.

학술적 교류

(단위: %)

기타 49.4
중국인 31.3
일본인 17.3
러시아인 2.0

[출처: 한국 무역 협회, 2017]

▲ 국내 외국인 유학생 비율

- 우리나라에 오는 유학생은 중국인이 가장 많음.
- 이웃 나라와 교육적 교류가 활발함.

알아보자! 우리나라와 밀접한 나라 미국, 사우디아라비아, 베트남

우리나라는 중국, 일본, 러시아 외에도 수많은 나라와 밀접한 관계를 맺고 있어요. 이는 ☆ 나라 사이에 정치, 경제, 문화적 교류를 함으로써 서로 이익을 주고받을 수 있기 때문이에요. 그중 미국, 사우디아라비아, 베트남의 특성을 정리해 봐요.

사우디아라비아

면적	한반도 면적의 약 열 배
인구	우리나라의 약 2/3 수준
지형과 기후	연평균 기온이 30℃ 이상으로 덥고 건조함.
자원	원유
주요 산업	원유 수출
우리나라와의 관계	• 우리나라의 대표적인 원유 수입국 • 석유 자원의 수출을 바탕으로 우리나라를 비롯한 세계 각국에서 여러 기술을 도입해 국가 발전을 이루고 있음.

▲ 원유를 채굴하는 모습

▲ 아이오와주의 옥수수 농장

미국

면적	한반도 면적의 약 45배
인구	세계 3위 수준(2018년 기준)
지형과 기후	면적이 넓어서 한 나라 안에서도 다양한 지형과 기후가 나타남.
시간차	서부 지역과 동부 지역 사이에 네 시간 차이가 남.
자원	• 각종 지하자원이나 에너지 자원이 풍부함. • 옥수수, 밀 생산량이 많음.
주요 산업	농업, 상업, 공업 등 수많은 산업이 골고루 발달했음.
우리나라와의 관계	우리나라와 다양한 물자와 서비스를 주고받고 있음.

베트남

면적	남한 면적의 약 세 배
인구	남한의 약 두 배 정도
지형과 기후	• 산맥이 남북 방향으로 이어져 있고, 북부와 남부에는 넓은 평야가 발달함. • 대체로 덥고 습한 편임.
주요 산업	• 벼농사 → 세계적인 쌀 수출국 • 노동력 풍부 → 섬유 산업 등 경공업 발달
우리나라와의 관계	• 우리나라가 수출을 많이 하는 나라 중 하나임. • 베트남 사람들은 기업 등에서 일하려고 우리나라에 많이 들어와 살거나 우리나라 사람과 결혼해 정착한 경우도 많음.

▼ 베트남의 계단식 논

정치, 경제, 문화 분야에서 교류해! 우리나라와 세계의 여러 나라

☆ 우리나라는 세계 여러 나라와 정치, 경제, 문화적으로 활발하게 교류하며 깊은 관계를 맺고 있어요. 우리나라와 세계 여러 나라는 서로에게 필요한 물건이나 서비스를 주고받으며 함께 발전하고 있어요. 이처럼 우리나라와 세계 여러 나라가 활발하게 교류할수록 서로에게 미치는 영향은 더욱 커져요.

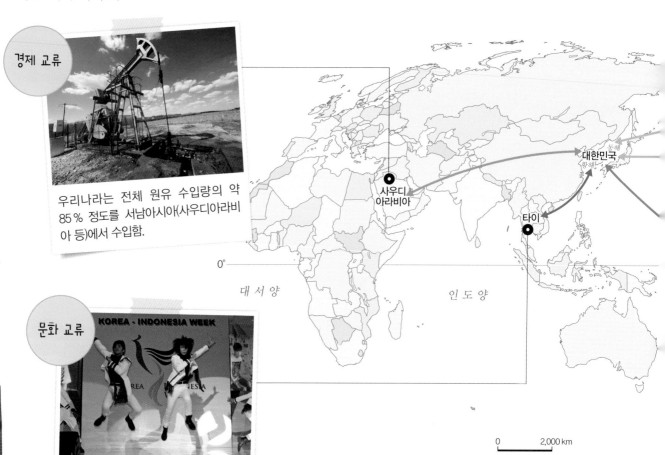

경제 교류

우리나라는 전체 원유 수입량의 약 85 % 정도를 서남아시아(사우디아라비아 등)에서 수입함.

문화 교류

KOREA - INDONESIA WEEK

한국의 대중음악, 드라마, 공연 등이 동남아시아 지역에서 선풍적인 인기를 끌고 있음. → 동남아시아 지역은 한류 콘텐츠의 주요 수출 시장임.

◀ **경제 교류** 우리나라 기업이 건설한 두바이 세계 최고층 건물(828 m), 부르즈 칼리파

사우디아라비아

타이

대한민국

동해

황해

대서양

인도양

0

2,000 km

문화 교류

2016년 캐나다 버너비시에서 제2회 세계 청소년 태권도 대회가 성공적으로 개최되었음. → 캐나다 버너비시는 '태권도 국기원의 날(8월 8일)'을 지정해 기념하고 있음.

오늘날 많은 사람이 우리나라와 세계 여러 나라를 오가며 다양한 활동을 하구 있구나.

경제 교류

우리나라가 밀을 주로 수입하는 국가는 미국(33%), 오스트레일리아(27%), 캐나다(14%) 순임.

캐나다

미국

대서양

태평양

0°

칠레

정치 교류

우리나라와 칠레의 정상이 만나 양국 간 자유 무역 협정(FTA) 등을 개선해 나가기로 하는 등 경제적 협력을 강화할 수 있는 방안을 논의함.

경제 교류

우리나라와 세계 여러 나라의 공동 발전을 위한 아시아태평양경제협력체(APEC)를 맞어 경제 협력에 관한 회의를 함.

재미있는 개념 퀴즈!

1 가족과 함께 낚시터에 갔어요. 우리나라와 이웃 나라의 정치 교류가 적힌 미끼를 물고 있는 물고기를 잡은 사람은 누구인지 쓰세요.

2 다음 신문 기사의 빈칸에 공통으로 들어갈 자원은 무엇일까요?

○○신문	20△△년 △△월 △△일
세계 주요 (　　　　) 수출국, 사우디아라비아	
우리나라는 산업 발달에 필요한 (　　　　)를 사우디아라비아로부터 수입하고 있다.	

❶ 쌀 ❷ 밀 ❸ 원유 ❹ 반도체

3 스파이더맨이 악당들을 물리치려면 건물 안으로 들어가야 해요. 우리나라와 세계 여러 나라의 교류에 대해 바르게 설명한 내용을 찾아 번호를 순서대로 누르면 건물의 문이 열려요. 스파이더맨이 건물 안으로 들어갈 수 있도록 비밀번호를 완성하세요.

2	베트남은 우리나라가 수출을 많이 하는 나라 중 하나예요.
4	사우디아라비아는 우리나라의 주요 원유 수입국이에요.
6	알래스카에서는 태권도 국기원의 날(8월 8일)을 지정해 기념하고 있어요.
9	동남아시아 지역은 한류 콘텐츠의 주요 수출 시장이에요.
1	두바이의 세계 최고층 건물인 부르즈 칼리파는 미국의 기업이 건설했어요.
3	우리나라는 세계 여러 나라와 경제, 문화적으로만 활발하게 교류해요.

✏️ 비밀번호: ☐ ☐ ☐

세계
여러 나라의
자연과 문화

지구, 대륙 그리고 국가들

• 세계 여러 나라의 정보를 담고 있는 자료 •

❶	둥근 지구를 평면으로 나타낸 것으로 세계 여러 나라의 위치와 영역을 한눈에 살펴볼 수 있음.
지구본	실제 지구의 모습을 아주 작게 줄인 모형으로, 세계 여러 나라의 위치와 영토 등의 지리 정보를 세계 지도보다 더 정확하게 담고 있음.
❷	위성 영상이나 항공 사진 등을 바탕으로 스마트폰, 컴퓨터 등 다양한 기기에서 이용할 수 있도록 디지털 정보로 표현된 지도임.

• 세계의 여러 대륙과 대양 •

6대륙	아시아, 유럽, 아프리카, 오세아니아, 북아메리카, 남아메리카
5대양	**❸** , 대서양, 인도양, 북극해, 남극해

• 세계 여러 나라의 면적과 모양 •

세계 여러 나라 영토의 면적은 서로 다르고, 모양은 매우 다양합니다.

개념 확인 체크! 체크!

☐ 세게 어러 ㅣ라이 정부를 담고 있는 자료의 특징을 이야기할 수 있어요.
        • 100~103쪽

☐ 세계 여러 대륙과 대양, 세계 여러 나라의 면적과 모양을 이야기할 수 있어요.
        • 106~111쪽

☐ 세계의 다양한 기후 특징과 생활 모습을 이야기할 수 있어요.   • 114~119쪽

☐ 우리나라와 이웃한 나라의 자연환경과 인문 환경을 이야기할 수 있어요.
        • 128~130쪽

☐ 우리나라와 세계 여러 나라와의 교류를 이야기할 수 있어요.   • 140~141쪽

세계의 다양한 삶의 모습

• 세계의 다양한 기후와 생활 모습 •

열대 기후	· 일 년 내내 기온이 높고 강수량이 많음. · 화전 농업, 열대 작물 재배, 생태 관광 산업 등
④ [ ] 기후	· 일 년 동안의 강수량을 모두 합쳐도 500 mm가 채 안 될 정도임. · 농사(오아시스나 강 주변), 유목 생활(초원), 진흙집 등
온대 기후	· ⑤ [ ]이 비교적 뚜렷함. · 밀 재배(유럽), 벼농사(아시아), 올리브·포도 재배(지중해 주변), 여러 산업 발달
냉대 기후	· 온대 기후보다 겨울이 더 춥고 긺. · 밀·감자·옥수수 재배, 목재와 펄프의 세계적 생산지
⑥ [ ] 기후	· 일 년 내내 평균 기온이 매우 낮음. · 유목 생활(순록), 자원 개발(석유, 천연가스)

• 세계의 다양한 의식주 생활 모습 •

의생활	식생활	주생활
인도의 사리	터키의 ⑦ [ ]	파푸아 뉴기니의 고상 가옥

세계 각 지역의 지형, 기후 등 자연환경과 풍습, 종교 등 인문환경은 그곳에 사는 사람들의 생활 모습에 영향을 미칩니다.

우리나라와 가까운 나라들

• 우리나라와 이웃한 나라의 특징과 사람들의 생활 모습 •

⑧ [ ]	· 영토가 넓으며 서쪽에서 동쪽으로 갈수록 지형이 낮아짐. · 동부 지역 바닷가에 주요 항구, 대도시가 있음.
일본	· 섬나라로 화산이 많고 지진 활동이 활발함. · 태평양 연안에 공업 지역이 발달했음.
러시아	· 세계에서 영토가 가장 넓고, 냉대 기후가 널리 나타남. · 풍부한 천연자원을 바탕으로 한 산업이 발달했음.

중국과 일본의 생활 모습은 우리나라와 비슷하고, 러시아의 생활 모습은 유럽과 비슷합니다.

• 우리나라와 관계 깊은 나라 •

미국	우리나라와 무역을 많이 하는 나라 중의 하나로, 우리나라와 다양한 물자와 서비스를 주고받음.
사우디아라비아	우리나라가 ⑨ [ ]를 수입하는 대표적인 나라임.
베트남	우리나라가 수출을 많이 하는 나라 중 하나이며, 많은 베트남 사람들이 우리나라에서 일하거나 결혼해 정착함.

• 우리나라와 세계 여러 나라의 교류 •

우리나라는 세계 여러 나라와 정치, 경제, 문화면에서 활발하게 ⑩ [ ] 하며 서로 의존하고 있습니다.

1 다음은 세계 여러 나라의 정보가 담긴 자료입니다. 빈칸에 알맞은 말을 쓰시오.

구분	㉠ ( )	지구본	㉡ ( )
장점	세계 여러 나라의 위치와 영역을 한눈에 살펴볼 수 있음.	㉢	• 확대와 축소가 자유롭고, 다양한 정보가 연결되어 있음. • 세계 여러 나라나 장소와 관련된 정보를 편리하게 찾을 수 있음.
단점	㉣	• 전 세계의 모습을 한눈에 보기 어려움. • 가지고 다니기 불편함.	• 스마트폰이나 컴퓨터가 필요함. • 인터넷을 연결해야 다양한 기능을 사용할 수 있음.

2 다음 세계의 대륙과 대양을 나타낸 지도를 보고, 6대륙과 5대양을 각각 쓰시오.

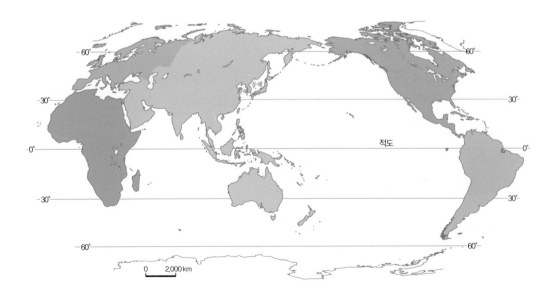

(1) 6대륙: _____

(2) 5대양: _____

3~4 다음은 세계의 기후를 나타낸 지도입니다. 물음에 답하시오.

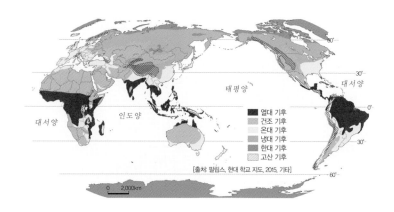

[출처: 필립스, 현대 학교 지도, 2015, 기타]

3 위 지도를 참고하여 다음 표를 완성하시오.

기후	특징
열대 기후	㉠
건조 기후	㉡

4 위 지도를 참고하여 다음 기후 지역과 그곳에서 볼 수 있는 생활 모습을 바르게 선으로 연결하시오.

(1) 열대 기후 지역 •

(2) 건조 기후 지역 •

(3) 온대 기후 지역 •

(4) 냉대 기후 지역 •

(5) 한대 기후 지역 •

• ㉠ 유목 생활(순록), 자원 개발(석유, 천연가스) 등

• ㉡ 화전 농업, 열대 작물 재배, 생태 관광 산업 등

• ㉢ 밀·감자·옥수수 재배, 목재와 펄프의 세계적 생산지 등

• ㉣ 오아시스나 강 주변에서의 농사, 초원 지역에서의 유목 생활, 진흙집 등

• ㉤ 밀 재배(유럽), 벼농사(아시아), 올리브·포도 재배(지중해 주변) 등

다음은 우리나라와 지리적으로 가까운 나라들을 나타낸 지도입니다. 물음에 답하시오.

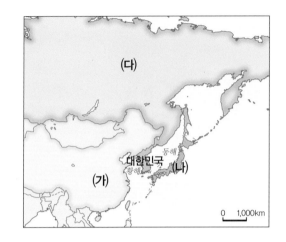

5 위 지도의 (가) 나라가 가지고 있는 자연환경의 특징을 두 가지 쓰시오.

_____

_____

6 위 지도의 (나) 나라가 가지고 있는 인문 환경의 특징을 한 가지만 쓰시오.

_____

_____

7 위 지도의 (다) 나라에 사는 사람들의 생활 모습이 유럽과 비슷하게 나타납니다. 이러한 모습이 나타나게 된 까닭을 인구 분포와 연관 지어 쓰시오.

_____

_____

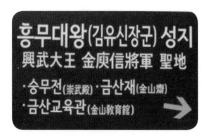

▲ 우리나라의 표지판

▲ 중국의 표지판

▲ 일본의 표지판

8 위 자료를 보고, 이 세 나라가 속한 언어 문화권은 무엇인지 쓰시오.

(   )

9 중국, 일본, 우리나라가 8번 답과 같은 문화권의 영향을 받은 까닭을 쓰시오.

_____

_____

1o 다음 지도에 표시된 나라와 우리나라의 관계를 한 가지 쓰시오.

_____

_____

한대 기후 지역의 기후 특징

 언니, 산타클로스 할아버지는 어디에 사시는 줄 알아?

 흠, 정확한 나라는 모르겠는데 아마, 한대 기후 지역에 사실 것 같은데?

 오~. 어떻게 알았어? 한대 기후가 나타나는 핀란드의 로바니에미가 산타클로스 할아버지의 고향이래.

 하하. 산타클로스 할아버지는 순록이 끄는 썰매를 타고 다니시잖아. 순록은 기온이 너무 낮아 농사를 지을 수 없는 한대 기후 지역에서 기를 수 있는 동물이거든.

 맞아. 나도 한대 기후 지역은 평균 기온이 낮아 땅이 계속 얼어 있고, 여름에 얼음이 녹아 이끼나 풀이 자라는 땅에서 순록을 기르는 유목 생활을 한다고 배웠어.

중학교에서 배워!

 오~. 제법인데. 언니가 한대 기후에 대해 심화 학습을 해 줄게! **한대 기후 지역에서는 가장 더운 달이 평균 기온이 10° 미만**으로 땅이 얼어붙어 있어 **농사 짓기가 어렵고**, 2~3개월의 **짧은 여름 기간** 동안에 기온이 0℃ 이상으로 올라가 이끼나 풀이 자라면 이것을 **순록에게 먹이며 유목을 생활**을 해. 또 농사를 짓기 어렵기 때문에 직접 잡은 동물의 날고기나 날생선을 먹으며, 동물의 가죽이나 털을 이용해 옷과 신발을 만들어 사용해. 또, 순록이나 개가 끄는 썰매를 교통수단으로 이용해.

4 통일 한국의 미래와 지구촌 평화

이 단원을
들어가기
전에

지구촌 평화의 모습을 살펴보며
숨은 그림을 찾아보세요.

- ☑ 배
- ☑ 토끼
- ☑ 만두
- ☑ 식빵
- ☑ 오이
- ☑ 중절모

정답과 해설은
17쪽에 있어!

독도의 위치는? 우리나라 동쪽 끝

1905년 일본 정부는 독도를 주인 없는 땅이라고 주장하며, 자국 영토로 불법적으로 편입했어요. 그 후 ☆ 지금까지도 일본 정부는 독도를 자기 나라 땅이라고 주장하고 있지만 독도는 명백한 우리 나라 땅이지요!

☆ 독도는 우리나라의 동쪽 끝에 있는 섬이에요. 독도는 동도와 서도라고 하는 두 개의 큰 섬 과 그 주위에 89개의 크고 작은 바위섬들로 이루어져 있어요. 독도의 면적은 축구장 넓이의 3 배예요. ☆ 독도는 동해의 한가운데에 자리 잡고 있어 선박의 항로뿐만 아니라 군사적으로도 중 요한 위치에 있어요.

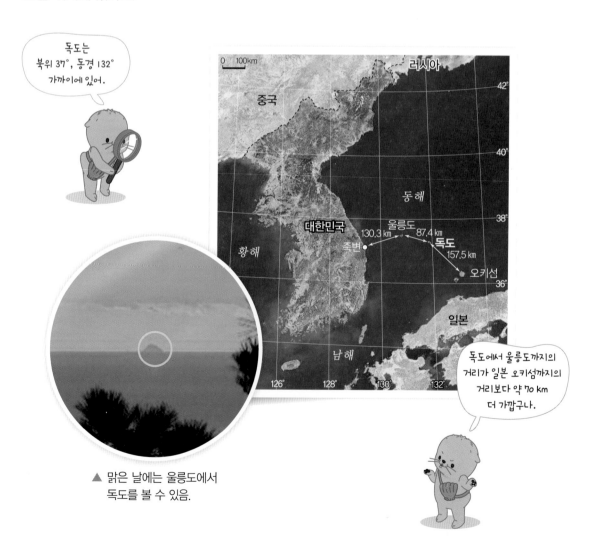

독도는 북위 37°, 동경 132° 가까이에 있어.

독도에서 울릉도까지의 거리가 일본 오키섬까지의 거리보다 약 70 km 더 가깝구나.

▲ 맑은 날에는 울릉도에서 독도를 볼 수 있음.

독도는 우리 땅, 증거는? 옛 지도와 기록

☆ 독도는 지리적으로 일본보다 우리나라에서 더 가깝고, 옛 지도와 기록에도 독도가 우리나라의 영토라는 사실이 나타나 있어요.

옛 지도에 나타난 독도

[출처: 동북아역사재단]

「대일본전도」(1877년)
일본이 공식적으로 자국의 영토 전체를 표기해 만든 지도예요. 일본 영토를 자세히 그려 놓았지만, 독도는 어디에도 없어요.

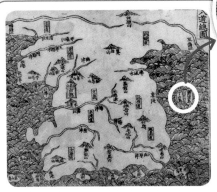

「팔도총도」(1531년)
현존하는 우리나라 옛 지도 중 우산도(지금의 독도)가 표기된 가장 오래된 지도예요.

옛 기록에 나타난 독도

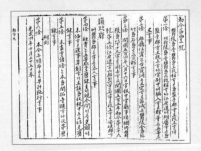

대한 제국 칙령 제41호 제2조(1900년)
울릉도에 울릉군청을 두고, 독도까지 관할하게 한다고 쓰여 있음.

[출처: 동북아역사재단]

연합국 최고 사령관 각서 제677호(1946년)
일본의 영토에서 울릉도와 독도를 제외한다는 내용이 있음.

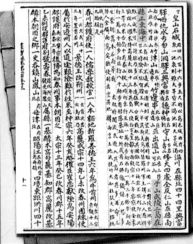

「세종실록지리지」(1454년)
"우산(지금의 독도)과 무릉(지금의 울릉도), 두 섬이 울진현의 정동쪽 바다에 있다. 두 섬은 거리가 멀지 않아 날씨가 맑으면 서로 바라볼 수 있다."

독도의 자연환경은? 독특해!

☆ 우리나라는 독도를 천연기념물 제336호로 지정해 보호하고 있어요.

독도의 형성 원인 및 지형 특징

☆ 독도는 오래 전 화산 활동으로 만들어진 섬으로, 독특한 지형과 경관을 지녔어요. 동도와 서도 두 개의 섬으로 구성되어 있으며, 경사가 급하고 대부분 암석으로 이루어져 있어요.

코끼리 바위
코끼리가 바닷물을 마시고 있는 모습.

탕건봉
봉우리의 모양이 옛날 관리가 쓰던 탕건과 닮음.

서도

독도의 동식물

독도는 다양한 동식물이 서식하는 생태계의 보고이기도 해요.

▲ 섬기린초

▲ 괭이갈매기(독도는 괭이갈매기의 집단 번식지임.)

▲ 사철나무(천연기념물 제538호)

독도 주변의 바다

독도 주변의 바다는 어류, 패류를 비롯하여 가스 하이드레이트 등 각종 자원을 얻을 수 있는 중요한 가치가 있는 곳이에요.

해저 지형 모습	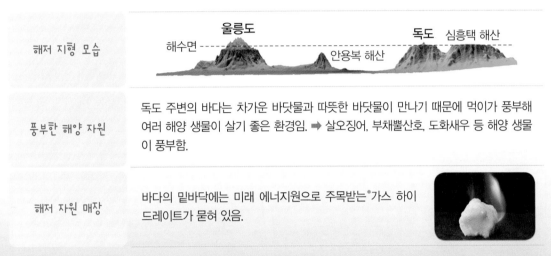
풍부한 해양 자원	독도 주변의 바다는 차가운 바닷물과 따뜻한 바닷물이 만나기 때문에 먹이가 풍부해 여러 해양 생물이 살기 좋은 환경임. ➡ 살오징어, 부채뿔산호, 도화새우 등 해양 생물이 풍부함.
해저 자원 매장	바다의 밑바닥에는 미래 에너지원으로 주목받는*가스 하이드레이트가 묻혀 있음.

*가스 하이드레이트: 천연가스와 물이 결합한 고체 상태의 물질로 불을 붙이면 타는 성질이 있어 '불타는 얼음'이라고도 부름.

삼형제굴 바위
세 개의 동굴이 있음.

동도

천장굴
침식으로 생김.

한반도 바위
한반도 모양을 닮은 바위.

독립문 바위
독립문 모양을 닮은 바위.

지키자! 우리 땅, 독도

독도를 지키려는 조상들의 노력

조선 숙종 때 ☆ 안용복은 일본으로부터 독도가 조선 땅임을 확인받기 위해 노력한 인물이에요.
안용복의 노력으로 일본은 조선의 영토인 울릉도와 독도에서 일본인들이 어업을 하지 못하도록
하는 명령을 내렸어요.

독도를 지키려는 정부와 민간단체의 노력

현재 독도에는 독도 경비대원, 울릉군청 독도 관리 사무소 직원, 등대 관리원 등 약 50여 명이 살면서 독도를 지키고 있어요. 다음은 정부와 민간단체가 독도를 지키기 위해 하는 노력을 정리해 본 것이에요.

- 경찰에게 독도를 지키도록 했어요.
- 등대, 선박 접안 시설, 경비 시설 등을 설치했어요.
- 독도의 생태계 보호와 지속적인 이용을 위해 여러 법령을 시행하고 있어요.
- 외국에 독도가 우리 영토임을 알리는 다양한 홍보 활동을 하고 있어요.
- 사이버 외교 사절단 '반크'의 활동: 인터넷에서 대한민국과 관련된 잘못된 사실을 바로잡고, 독도에 관한 사실을 전 세계 사람들에게 알리는 데 노력하고 있어요.

▶ 독도 경비대원

독도가 우리 영토임을 알리는 다양한 활동

독도는 우리나라의 소중한 영토에요. 그러므로 우리는 독도에 관심을 갖고 독도가 우리 영토임을 알리는 다양한 활동을 하고, 독도를 지키려는 노력을 해야 해요.

▲ 독도 홍보 포스터 그리기

▲ 독도 캐릭터 만들기

▲ 독도 홍보 동영상 만들기

▲ 독도를 지키려고 노력하는 사람이나 단체 소개하기

재미있는 개념 퀴즈!

1 독도에 대해 바르게 이야기한 친구만 사다리를 타고 내려가서 간식을 먹을 수 있대요. 간식을 먹을 수 있는 친구는 각각 누구인지 쓰세요.

유민: 우리나라의 서쪽 끝에 있는 섬이야.

상우: 우리 땅인 독도를 일본이 자기 나라 땅이라고 우기고 있어.

예슬: 독도를 구성하는 두 개의 큰 섬의 이름은 동도와 서도야.

지한: 독도는 군사적으로도 중요한 위치에 있어.

민영: 독도는 동해의 가장자리에 자리 잡고 있어.

✏️ _____ , _____ , _____

2 옛 기록 중 『세종실록지리지』에 나타난 독도에 대해 조사했어요. 색으로 표시된 부분의 해석이 잘못된 내용을 골라 기호를 쓰세요.

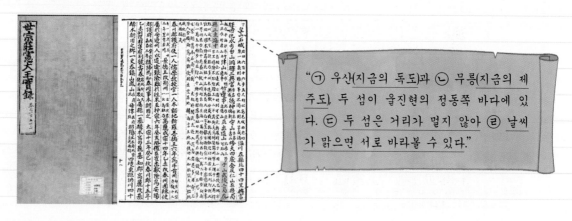

"㉠ 우산(지금의 독도)과 ㉡ 무릉(지금의 제주도), 두 섬이 울진현의 정동쪽 바다에 있다. ㉢ 두 섬은 거리가 멀지 않아 ㉣ 날씨가 맑으면 서로 바라볼 수 있다."

✏️ _____

160

3 강치가 독도를 여행하다가 길을 잃었어요. 독도의 자연환경과 관련 깊은 단어를 따라가며 길을 찾아 선으로 연결해 보세요.

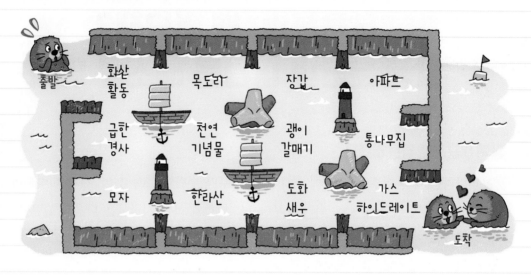

4 승우가 독도를 지키기 위한 캠페인에 참여했어요. 캠페인에서 사용한 현수막 중 잘못된 내용이 들어간 것을 골라 기호를 쓰세요.

→ 정답과 해설 18쪽

남북통일, 왜 필요해?
남북 분단의 어려움 해소를 위해

남북 분단으로 겪는 어려움

우리나라는 광복 이후 남과 북에 서로 다른 정부가 수립되었고, 6·25 전쟁을 겪으면서 남한과 북한으로 분단된 상태예요. 이러한 분단으로 남한과 북한 사람들은 다음과 같은 여러 가지 어려움을 겪고 있어요.

남북 분단으로 겪는 어려움

전쟁에 대한 공포

전쟁이 일어날까 봐 무서워.

이산가족의 아픔

북에 계신 어머니를 만나러 갈 수가 없어서 너무 슬퍼.

국방비 과다로 인한 경제적 손실

국방비로 쓰이는 비용이 너무 많아.

남북 간의 언어와 문화 차이

한복 입었구나?

조선옷 입었구나? 그런데 왜 서로 말이 다르지?

남북통일의 필요성과 경제적 이점

☆ 남북통일이 이루어지면 남북 분단으로 인한 어려움이 해소되고
경제적으로도 많은 이점을 얻을 수 있어요.

국방비가 줄어서 남는 비용은
국민들의 삶의 질을 높이는
곳에 사용할 수 있어.

국방비 절감 국방비가 줄어 국민들의 삶의 질을 높이는 곳에 사용할 수 있어요.

| 남한의 국방비 | 북한의 국방비 | 통일 한국의 국방비 | 남는 비용 |

북한의 풍부한 자원 활용 북한의 자원과 남한의 기술력을 이용하여 경쟁력 있는 제품을 만들 수 있어요.

| 북한의
철광석 | 남한의
기술력 | 값싸고 질 좋은
철강 제품 |

북한에 매장되어 있는 지하자원의
잠재적 가치는 매우 커서 그것을
이용한다면 통일 한국은 매우 큰
경쟁력을 가지게 될 거야.

철도를 이용한 외국과의 교류 육로로 유럽이나 아시아의 다른 나라와 쉽고 빠르게 더 많은 교류를 할
수 있어요.

0 1,000km

이외에도 통일을 하면 전 국토를 효율적으로
이용할 수 있고, 대륙과 해양을 잇는 한반도의
이점은 누릴 수 있기 때문에 통일을 꼭
이루어야 해.

남북통일을 위한 노력은?
정부와 민간단체에서 다양하게

☆ 남북한은 통일을 위해 정부와 민간단체를 중심으로 정치, 경제, 사회·문화 분야에서 교류하고 협력하려는 다양한 노력을 기울여 왔어요. 앞으로도 남북한이 서로에 대한 믿음을 바탕으로 뜻을 같이하는 기회를 늘린다면 남북통일은 평화롭게 진행될 수 있을 거예요.

정치적 노력

남북 기본 합의서 채택(1991년)
남북 화해, 교류, 협력 등의 내용을 담고 있음.

남북 정상 회담 개최(2018년)
남북 정상이 만나 한반도의 평화를 위해 노력하기로 뜻을 모았음.

경제적 노력

개성 공단 가동(2005년)
남한의 자본과 기술력에 북한의 노동력을 결합하여 활발하게 운영되었던 적이 있음.

경의선·동해선 연결, 현대화 착공식(2018년)
끊어진 도로와 철도를 연결하고 시설을 개선해 교류와 협력을 확대하고자 노력하고 있음.

남북한 평창 동계 올림픽 선수단 공동 입장(2018년)
남북한의 스포츠 팀이 하나가 되어 국제 대회에 출전했음.

남북 예술단 합동 공연(2018년)
남북한 예술단이 강릉, 서울, 평양에서 공연을 하며 한반도의 평화를 기원했음.

통일을 위해 남과 북은 많은 노력을 해 오고 있구나~.

지구촌 평화에 기여하는 통일 한국의 모습

우리나라가 평화적으로 남북통일이 되면, 남과 북에서 살던 사람들이 함께 어울려 살게 되는 등 생활 모습이 여러 방면에서 변하게 될 거예요. 다음은 통일 한국의 모습을 예측해 본 것이에요.

• 위험 요소가 해소돼서 전쟁에 대한 두려움도 사라질 것입니다.

• 중국, 러시아를 지나 유럽의 여러 나라까지도 육로로 갈 수 있습니다.

• 주변 국가 사람들도 더욱 평화롭게 살 수 있을 것입니다.

• 북한 지역의 풍부한 지하자원을 사용할 수 있을 것입니다.

• 전통문화를 체계적으로 관리하고 계승할 수 있을 것입니다.

• 동북아시아의 평화와 발전을 이끄는 국가가 될 것입니다.

재미있는 개념 퀴즈!

1 승우네 가족은 도라산역으로 나들이를 나왔어요. 도라산역을 둘러보며 남북 분단으로 겪는 어려움에 대해 이야기하게 되었는데, 바르게 설명한 사람만 의자에 앉기로 했어요. 의자에 앉을 수 있는 사람은 누구인지 모두 찾아 쓰세요.

✏️ [   ] , [   ]

2 다음 ㉠과 ㉡에 들어가야 할 말이 암호로 적혀 있어요. 암호 풀이표를 보고 암호를 풀어 ㉠과 ㉡에 들어갈 알맞은 말을 쓰세요.

남북통일의 필요성

남북이 통일된다면 남북 분단으로 인한 어려움이 해소되고 ㉠ [αφα ζοθ ζω] 절감, 북한의 풍부한 자원 활용, ㉡ [κρδ γτ]를 이용한 외국과의 교류 등 경제적으로도 많은 이점이 있어요.

암호 풀이표

α	β	γ	δ	ε	ζ	η	θ	ι	κ	λ	μ	ν	ξ
ㄱ	ㄴ	ㄷ	ㄹ	ㅁ	ㅂ	ㅅ	ㅇ	ㅈ	ㅊ	ㅋ	ㅌ	ㅍ	ㅎ
ο	π	ρ	σ	τ	υ	φ	χ	ψ	ω				
ㅏ	ㅑ	ㅓ	ㅕ	ㅗ	ㅛ	ㅜ	ㅠ	ㅡ	ㅣ				

✏️ ㉠: [   ] , ㉡: [   ]

3 통일이 되어 남과 북을 버스로 오갈 수 있게 되었어요. 남과 북을 오갈 수 있는 버스는 통일의 노력에 대해 바르게 설명하고 있어요. 남과 북을 오갈 수 있는 버스를 모두 찾아 번호를 쓰세요.

번 버스

지구촌 갈등의 원인은? 영토, 종교, 자원 등

세계 여러 지역에서는 영토, 자원, 종교, 언어, 인종, 민족, 역사, 정치 등의 다양한 원인으로 갈등이 일어나고 있어요. ☆ 지구촌 갈등의 문제는 갈등을 겪는 지역뿐만 아니라 다른 여러 국가와 연결되어 있어 짧은 시간에 해결되기 어렵고, 문제를 해결하려면 여러 사람이 노력해야 해요.

다음은 세계 여러 지역에서 일어나는 지구촌 갈등 모습이에요.

1 시리아 내전

세 살배기 꼬마 *난민의 죽음에 국가들 난민 수천 명 받기로……

시리아 내전 이후의 모습

시리아 난민의 실상

*난민: 전쟁, 재해 등으로 어려운 처지에 빠져 자기 나라를 떠나 머물 곳을 찾아 헤메는 사람.

시리아에서는 독재 정치와 종교 문제로 국내에 크고 작은 전쟁이 계속되고 있어요.

시리아 어린이들이 겪는 어려움

내전이 벌어지고 있는 시리아 알레포에 사는 일곱 살의 바나 알라베드는 누리 소통망 서비스(SNS) 계정을 만들어 자신이 겪는 일들을 올렸어요. 전쟁으로 폐허가 된 도시의 모습과 폭격이 시작될 때 두려워하며 집안 구석에 숨는 모습들을 올려 세계 모든 이들에게 도움을 호소했어요.

② **이스라엘과 팔레스타인의 갈등**

역사적으로 이곳은 우리가 살던 곳이고 유대교 성서에도 기록되어 있으니 우리 땅이 맞습니다.

지금 우리가 살고 있는 곳인데 갑자기 유대인이 주인이라니요? 그리고 우리는 이슬람교를 믿어요.

이스라엘   팔레스타인

유대교를 믿는 이스라엘과 이슬람교를 믿는 팔레스타인 사이에는 영토, 종교 등의 원인으로 갈등이 발생하고 있어요.

3 **나이지리아 내전**

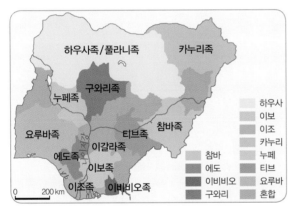

하우사/풀라니족
카누리족
구와리족
누페족
요루바족   티브족   참바족
이갈라족
에도족
이보족
이조족   이비비오족

하우사
이보
이조
카누리
참바   누페
에도   티브
이비비오   요루바
구와리   혼합

0   200 km

이렇게 전쟁으로 살 곳을 잃은 사람들이 난민이 되어 주변국에 도움을 청하거나, 몇몇 나라들이 전쟁 무기를 개발해서 판매하면서 국제 사회에 영향을 주고 있어.

◀ 나이지리아의 언어 민족 구분

1960년 영국으로부터 독립한 나이지리아는 언어, 민족, 종교가 서로 다른 250여 개의 종족들이 각자의 이익을 추구하면서 국가 내 협력이 이루어지지 않았어요. 독립 이후 38년 동안 일곱 번의 전쟁이 발생하는 등 불안정한 상태가 지속되고 있어요.

4 **메콩강 유역 갈등**

궁궈차오댐
만완댐
뉴자두댐
미아오웨이댐
샤오완댐
다차오산댐
징훙댐

중국
미얀마
라오스
타이
캄보디아
베트남
메콩강

0   300km

메콩강 주변 나라들은 주로 벼농사를 짓기 때문에 물이 부족하면 식량난에 처할 수 있어 서로 양보할 수 없는 문제가 되었어.

◀ 메콩강의 위치

중국, 미얀마, 라오스, 타이, 캄보디아, 베트남을 흐르는 메콩강 상류에 중국이 거대한 댐을 건설하여 다른 나라들이 마음대로 물을 쓸 수 없게 되자 갈등이 발생했어요.

지구촌 갈등이 지속되는 까닭은?
강력한 국제법이 없어서 등

☆ 지구촌 갈등이 지속되는 이유는 국가들이 지켜야 할 강력한 법이 없고, 국가들이 자기 나라의 이익을 먼저 생각하며, 역사적으로 오랫동안 쌓인 미움과 갈등이 크고, 식민지 과정에서 발생한 불평등과 나라별 격차 때문이에요.

하지만 세계 여러 나라들은 서로 연결되어 있으므로 지구촌 평화를 지키려고 노력해야 해요. 지구촌 평화는 구성원들의 끊임없는 노력으로 지속될 수 있어요.

다음은 친구들과 함께 지구촌 갈등을 평화롭게 해결하는 방법을 실천하는 모습이에요.

지구촌 갈등을 평화롭게 해결하는 방법 실천하기

지구촌 갈등 해결을 위한 홍보 동영상 만들기

지구촌 갈등으로 어려움을 겪는 친구들을 돕는 모금 활동 하기

지구촌 문제에 관심을 갖고 지구촌 문제에 대한 정보 찾아보기

지구촌 문제 해결에 관심을 갖도록 누리 소통망 서비스로 여러 나라에 요청하기

지구촌 갈등 해결, 누가 노력해? 국제기구, 국가, 개인, 비정부 기구

*국제기구: 국가들이 모여서 지구촌 문제를 함께 해결하려고 만든 조직.

지구촌 갈등을 해결하려면 각 개인의 역할도 중요하며, 뜻이 맞는 개인들이 비정부 기구를 만들어 더 적극적인 활동을 할 수도 있어요. 하지만 지구촌 갈등은 전 세계에 영향을 미치므로 한 나라나 개인의 힘만으로는 문제를 해결하기 어려워서 다양한 *국제기구와 국가들이 힘을 합하여 해결하려고 노력해요.

국제기구의 노력 ⓔ 국제 연합(UN)

세계는 평화로운 방법으로 갈등을 해결하기 위해 1945년에 국제 연합(UN)을 만들었어요. ☆ 국제 연합에는 다음과 같이 다양한 전문 기구들이 설립되어 있으며, 세계 여러 나라가 서로 협력해 지구촌 갈등을 해결하려고 노력하고 있어요.

국제 연합

지구촌의 평화 유지, 전쟁 방지, 국제 협력 활동

국제 노동 기구(ILO)
전 세계의 노동 문제를 다루는 곳임.

유엔 난민 기구(UNHCR)
전쟁 등으로 살 곳을 잃은 난민들을 돕고 있음.

유네스코(UNESCO)
교육, 과학, 문화 분야 등에서 다양한 국제 교류를 하면서 국제 평화를 추구하고 있음.

국제 원자력 기구(IAEA)
원자력 에너지를 평화적이고 안전한 방법으로 이용할 수 있도록 노력하고 있음.

국가의 노력 🖙 우리나라

우리나라도 전쟁이나 폭력으로부터 생명과 인권을 보호하고 지구촌 갈등을 해결하려고 다양한 활동을 하고 있어요. 전쟁이나 환경 파괴를 막고자 관련 조약에 가입하거나, 다른 나라를 돕고 그 나라들과의 관계를 우호적으로 유지할 수 있도록 다양한 외교 활동을 펼치고 있어요.

▲ 한국 국제 협력단(KOICA)의 봉사 활동

▲ 국제 연합에 평화 유지군 파견

▲ 국제기구 활동 참여

개인의 노력

남아프리카 공화국에서 인도인에게 행했던 인종 차별과 억압에 맞서 비폭력적 방법으로 투쟁했어요.

간디

인도인 인종 차별과 억압에 대해 비폭력적 방법으로 투쟁해 인류 평화에 이바지했음.

아프리카 남수단에서 의료 봉사와 교육에 헌신했어요.

이태석 신부

국적과 종교를 넘은 희생과 봉사로 지구촌 평화를 위해 노력한 '한국의 슈바이처'임.

123개 나라가 더는 사람에게 지뢰를 사용하지 않겠다는 약속을 했어요.

조디 윌리엄스

1991년 국제 지뢰 금지 운동 단체를 설립한 미국의 사회 운동가로, 1997년 노벨 평화상을 수상했음.

저는 누리 소통망 서비스(SNS)를 이용하여 탈레반 점령 지역의 생활과 여학생 교육의 문제점을 알렸어요.

말랄라 유사프자이

여성 교육을 위해 활동한 파키스탄의 운동가임.

비정부 기구의 노력

☆ '비정부 기구(NGO)'는 뜻이 같은 개인들이 모여 지구촌의 여러 문제를 해결하고자 활동하는 조직이에요. 비정부 기구는 지구촌의 갈등 해결, 평화 유지와 발전을 위해 여러 형태로 노력하고 있어요. 각 나라 정부들이 모인 국제기구와 달리 비정부 기구는 인권, 환경, 보건, 빈곤 퇴치, 성 평등 등 특정 분야에 관심 있는 사람들이 스스로 모여서 국경을 넘어 문제를 해결하려고 노력하고 있어요.

전 세계에 지뢰의 위험성을 알려 지뢰를 제거하고 희생자들의 인권을 보호하려고 노력함.

가난한 지역과 전쟁, 자연재해 등으로 터전을 잃어버린 사람들에게 집을 지어 주고 있음.

유엔 핵무기 금지 협약을 끌어내 2017년 노벨 평화상 수상자로 선정되었음.

핵무기 폐기 국제 운동

지뢰 금지 국제 운동

해비타트

세이브 더 칠드런

의료 지원을 받지 못하거나 전쟁, 질병, 자연재해 등으로 고통 받는 사람들을 돕고자 노력함.

지구 환경과 평화를 지키고자 다양한 방법으로 핵 실험 반대, 자연 보호 운동을 함.

국경 없는 의사회

신생아살리기 모자뜨기캠페인

아동의 생존과 보호를 돕고 이를 위한 시민들의 참여를 실현하고자 활동함.

너와 나를 위한 100% 재생 가능 에너지

그린피스

173

지구촌 평화 발전 위해 해 볼까? 비정부 기구 만들기

　각 개인은 지구촌 평화와 발전을 위해 여러 분야에 관심을 갖고 다양한 활동에 참여할 수 있어요. 다음은 다양한 활동 중에서 비슷한 주제와 관심이 있는 친구들과 비정부 기구를 만들어 실천하는 과정을 소개한 것이에요.

1 친구들과 비정부 기구 조직하기

친구들과 서로의 관심 주제를 이야기한 후, 비슷한 관심 주제를 가진 친구들이 함께 모여 비정부 기구를 만들고, 단체의 성격과 이름을 정해요.

2 어린이 비정부 기구 활동 계획 세우기

친구들과 활동 내용을 토의하고 활동 계획서를 작성해요.

우리들의 비정부 기구 활동 계획서

주제	지구촌 평화 운동 알리기 캠페인	단체 이름	지구촌 평화 지킴이
캠페인을 위한 자료 조사	평화의 필요성에 대한 자료 조사 – 교과서 자료 활용하기 – 지구촌 갈등 정보 모으기 – 평화를 이루고자 노력하는 단체 활동 조사하기	우리들의 역할	·규민: 평화의 필요성을 주제로 자료 조사와 사진 촬영하기 ·수정: 평화 단체 활동 조사하기 ·예준: 컴퓨터 바탕 화면용 이미지를 만들어 각종 누리집에 알리기 ·윤경: 캠페인 장소 확인, 선생님께 상의드리기 ·정현: 팻말 만들기
우리들의 활동	·교내 캠페인 준비: 팻말 만들기, 장소 정하기, 캠페인 방법 상의하기(팻말과 구호, 서명 운동), 제작한 자료 나누어 주기, 캠페인 사진 찍기 ·인터넷을 이용한 홍보: 홍보할 수 있는 누리집 조사, 인터넷용 홍보 자료 준비	우리들의 활동 알리기	·학교 누리집에 올리기, 학교 소식지에 싣기 ·평화 단체에 사진과 소식 보내기 ·컴퓨터 바탕 화면용 이미지를 만들어 집과 학교 컴퓨터, 블로그 등에서 사람들과 나누기 ·친구들이 만든 다른 비정부 기구에 자료 제공하기

3 실천하기

세운 계획을 토대로 어린이 비정부 기구 활동을 계획하고 실천해요.

국제 앰네스티에 참여하여 각 국가 정부에 범죄가 아닌 종교나 민족, 차별 때문에 감옥에 있는 사람들을 석방하라는 편지를 씀.

편지 쓰기

지구 곳곳에 질병, 가난, 자연재해, 전쟁으로 고생하는 어린이들을 돕기 위해 거리에서 모금 활동을 함.

모금 활동 하기

유니세프는 매년 카드를 제작·판매하여 얻은 수익금을 모두 기아 아동을 돕는 데 사용함.

유니세프 활동 돕기

어린 시절 사용했던 인형, 장난감, 사용하지 않는 학용품을 모아 아름다운 가게에 기증했음.

재미있는 개념 퀴즈!

1 지구촌 갈등을 취재한 기자들이 찍은 사진과 기사 내용이에요. 바르게 선으로 연결해 보세요.

(1)

시리아 내전

㉠ 1960년 영국으로부터 독립한 이후 언어, 민족, 종교가 서로 다른 250여 개의 종족들이 서로 협력하지 못하고 갈등이 일어나고 있어요.

(2)

이스라엘과 팔레스타인의 갈등

㉡ 유대교를 믿는 이스라엘과 이슬람교를 믿는 팔레스타인 간의 다툼이 계속되어 왔어요.

(3)

나이지리아 내전

㉢ 서아시아에 있는 나라로, 독재 정치와 종교 문제로 국내에 크고 작은 전쟁이 계속되고 있어요.

2 국제 연합(UN) 산하 전문 기구에서 근무하는 사람들이에요. 각 기구에서 하는 일을 잘못 이야기하고 있는 사람은 누구인지 번호를 쓰세요.

① 전 세계의 노동 문제를 다루는 곳이야.
국제 노동 기구(ILO)

② 전쟁 등으로 살 곳을 잃은 난민들을 돕고 있어.
유엔 난민 기구(UNHCR)

③ 정부에 범죄가 아닌 종교나 민족, 차별 때문에 감옥에 있는 사람들을 석방하라는 편지를 쓰고 있어.
유네스코(UNESCO)

④ 원자력 에너지를 평화적이고 안전한 방법으로 이용할 수 있도록 노력하고 있어.
국제 원자력 기구(IAEA)

3 비정부 기구에서 활동을 하려면 다음 미로를 빠져나가야 한대요. 비정부 기구에 대해 바르게 설명한 문을 골라 통과하여 미로를 빠져나가 보세요.

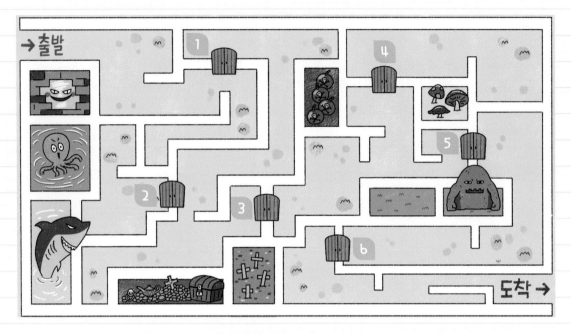

〈각 번호의 문에 적혀 있는 내용〉

1 국경 없는 의사회는 의료 지원을 받지 못하거나 전쟁, 질병, 자연재해 등으로 고통받는 사람들을 돕고자 노력해요.

2 그린피스는 전 세계에 지뢰의 위험성을 알려 지뢰를 제거하고 희생자들의 인권을 보호하려고 노력해요.

3 세이브 더 칠드런은 아동의 생존과 보호를 돕고 이를 위한 시민들의 참여를 실현하고자 활동해요.

4 지뢰 금지 국제 운동(ICBL)은 지구 환경과 평화를 지키고자 다양한 방법으로 핵실험 반대, 자연 보호 운동을 해요.

5 해비타트는 가난한 지역과 전쟁, 자연재해 등으로 터전을 잃어버린 사람들에게 집을 지어 주고 있어요.

6 핵무기 폐기 국제 운동(ICAN)은 유엔 핵무기 금지 협약을 끌어내 2017년 노벨 평화상 수상자로 선정되었어요.

지구촌 환경 문제는?
열대 우림 파괴, 지구 온난화 등

'지속 가능한 미래'는 지구촌 사람들이 오늘날의 발전뿐만 아니라 미래 세대의 환경과 발전을 위해 책임감 있게 행동해 지구촌의 지속 가능성을 높여가는 것을 말해요. 지속 가능한 미래를 위해서 우리는 지구촌 환경을 지키고 보존해야 할 책임이 있지만, 지구촌 환경은 점점 황폐해져 가고 있어요.

해양 오염 문제

☆ 우리가 사용한 플라스틱 쓰레기가 바다로 흘러들어가 썩지 않거나, 잘게 부서진 미세 플라스틱 조각을 물고기들이 삼키는 등 해양 생태계에 큰 피해를 입히고 있어요.

▲ 큰 플라스틱 덩어리를 먹이로 착각하는 해양 동물들

▲ 썩지 않는 플라스틱이 바다로 떠내려간 모습

열대 우림 파괴 문제

2017년 8월부터 2018년 7월 사이 약 7,900 km²에 달하는 열대 우림이 파괴되었으며, 이는 2007~2008년 이후 10년 만에 가장 큰 규모라고 해요. ☆ 무분별한 개발로 지구의 허파라고 불리는 아마존 열대 우림의 파괴 현상이 심각하게 발생하고 있어요.

▲ 아마존 열대 우림

▲ 파괴되고 있는 열대 우림

지구 온난화 문제

☆ 전 세계 바다 곳곳에서 산호가 하얗게 변하며 죽어가고 있어요. 이는 지구 온난화로 바다 온도가 급격히 상승하거나, 오염 등에 큰 영향을 받기 때문이라고 해요.

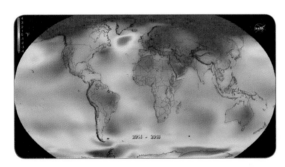

▲ 심각해지는 지구 온난화, 펄펄 끓는 지구

▲ 산호 백화 현상이 진행된 산호초

뿌연 하늘을 보니 미세 먼지 문제가 심각하구나.

미세 먼지 문제

중금속 발암 물질이 다량 함유된 초미세 먼지가 증가하고 있어요. 몸속으로 들어오는 미세 먼지는 천식 등의 폐 질환을 불러올 수 있다는 연구 결과가 있어 미세 먼지 오염 상황에 대한 걱정이 커지고 있답니다.

지구촌 환경 문제 해결, 누가 노력해?
개인, 기업, 국가, 세계

환경 문제는 어느 한 지역의 문제가 아니라 지구촌 모든 사람의 문제예요. ☆ 나와 우리를 넘어

서서 미래 세대를 위해 환경 문제에 관심을 가지고 서로 협력하며 실천하려는 노력이 필요해요.

지구촌 환경 문제 해결을 위해 개인, 기업, 국가, 세계가 하고 있는 노력을 알아봐요.

환경 캠페인 참여하기

일회용품 줄이기

친환경 빨대 사용하기

에너지 절약하기

개인의
노력

기업의
노력

오염 물질 배출이 적은 친환경 포장

- 기업들은 환경을 보호하고 사회적 책임을 실천하기 위해 노력하고 있음.
- 일부 기업에서는 일회용 플라스틱 빨대나 플라스틱 용기 대신 친환경 제품을 생산하는 데 힘쓰고 있음.
- 친환경 소재를 개발하거나 쓰레기를 줄이고, 에너지 절약을 하려고 힘쓰는 기업이 점차 늘어나고 있음.

국가에서는 사람들이 환경 문제 해결을 위해 적극적으로 참여할 수 있도록 인식 개선을 위한 다양한 활동을 전개하고 있어.

정부에서는 *파리 기후 협정의 목표를 이행하며 지속 가능한 미래를 위한 정책과 법령을 마련하고, 기업에서 배출되는 *온실가스의 양을 규제하는 등 협정의 목표를 실천하고자 노력하고 있음.

파리 기후 협정

*파리 기후 협정: 2015년 12월 12일, 프랑스 파리에서 전 세계 195개의 나라가 지구 온난화의 원인이 되는 온실가스 배출을 줄이기 위해 동의한 협정.

*온실가스: 지구 대기를 오염시켜 온실 효과를 일으키는 이산화 탄소, 메탄 따위의 가스를 통틀어 이르는 말.

세계 자연 기금(WWF)은 기후 변화 문제의 심각성을 널리 알리고 이에 적극적으로 대응하고자 세계인이 함께 참여하는 '지구촌 전등 끄기' 캠페인 활동을 매년 개최하고 있음.

전등 끄기 캠페인에 참여하는 서울 시청

지속 가능한 미래, 우리의 과제는?
친환경적 생산과 소비 방식 등

지속 가능한 미래를 위해 우리는 환경을 생각하는 생산과 소비를 해야 하며, 빈곤과 기아 문제 해결, 문화적 편견과 차별 문제 극복을 위해 노력해야 해요.

환경을 생각하는 생산과 소비

☆ 우리는 환경을 생각하는 친환경적 생산과 소비 활동으로 우리의 건강과 환경을 지킬 수 있어요. 또, 자원을 절약하고 환경 오염을 줄임으로써 지속 가능한 미래를 이룰 수 있어요.

친환경 숟가락

해조류로 만든 물병

생분해성 재료로 만든 일회용품은 온도, 햇빛, 박테리아, 곰팡이 등에 의해 분해되거나 자연스럽게 썩어 없어지면서 퇴비로 사용돼.

수수, 쌀, 밀가루를 혼합해 만든 숟가락으로, 사용 후에는 먹을 수 있고, 버리면 땅속에서 분해됨.

물이 가득 차 있을 때는 물병으로 사용되다가 물을 다 마시면 서서히 말라 자연 분해가 됨.

친환경 상품의 생산과 소비

환경을 생각하는 생산

• 넓고 쾌적한 환경에서 키운 닭은 건강하기 때문에 병에 걸리지 않도록 항생제를 맞을 필요가 없음.
• 닭의 배설물을 퇴비로 활용할 수 있기 때문에 환경 오염을 줄일 수 있음.

환경을 생각하는 소비

• 신선한 달걀과 건강한 닭을 먹을 수 있어서 우리 몸에 이로움.
• 친환경적으로 생산된 달걀이나 닭을 더 많이 소비할수록 친환경적으로 생산되는 달걀이나 닭의 수가 늘어날 것임.

빈곤과 기아 문제와 해결을 위한 노력

*빈곤과 *기아 문제가 발생하는 까닭은 가뭄으로 식량이 부족해지거나 전쟁이 일어났기 때문이에요. 이러한 빈곤과 기아 문제로 세계 여러 나라 사람들이 고통 받고 있어요.

가뭄이 계속되어 물과 식량이 부족해서 빈곤 문제가 심각해져요.

*빈곤: 가난해 생활하는 것이 어려운 상태.
*기아: 먹을 것이 없어 굶주리는 것.

빈곤과 기아로 고통받는 모습

세계 어린이 인구의 23.8 %는 영양을 제대로 공급받지 못해 발육 부진을 겪음.

가족의 생계를 위해 학교에 못 가고 일을 해야 하는 어린이가 있음.

☆ 빈곤과 기아 문제는 지구촌 모두와 연결된 문제임을 알고 서로 협력해 문제를 해결하려고 다음과 같은 노력을 해야 한답니다.

해결을 위한 노력

▲ **구호 활동** 모금 활동과 물건, 식량 등을 지원함.

▲ **교육 여건 개선** 교육을 받지 못하는 학생들이 교육을 받을 수 있도록 힘씀.

▲ **캠페인 활동** 지구촌 사람들이 함께 참여할 수 있도록 다양한 교육 활동을 함.

식량 증대 활동 가뭄에 강한 작물을 키울 수 있도록 도움. ▶

문화적 편견과 차별 문제와 해결을 위한 노력

세계는 계속 가까워지고 있는데 서로 다른 문화를 존중하지 않고 자신의 문화를 기준으로 함부로 판단하기 때문에 세계 곳곳에서 문화적 편견과 차별이 계속되고 있어요.

다음은 문화적 편견과 차별 사례와 그 극복 노력을 정리한 것이에요.

문화적 편견과 차별 사례

종교적인 이유로 소고기를 먹지 않는데 사람들이 이를 가볍게 생각할 때가 있어요.

낮잠을 자는 우리의 문화를 오해해 게으른 사람이라고 생각하는 사람들이 있어요.

문화가 다르다는 이유로 편견이나 차별을 받은 경험을 말해 볼까요?

우리는 즐겨 먹는 전통 음식인데 이 음식을 잘 모르는 사람들이 함부로 평가할 때가 있어요.

친구들에게 제가 믿는 종교를 이야기했더니 무섭다고 이야기해요.

해결을 위한 노력

지구촌의 다양한 역사와 문화를 배우고 체험할 수 있는 여러 행사를 엶.

편견과 차별을 함께 해결하기 위해 상담을 지원하고 필요한 도움을 제공함.

서로의 문화를 존중하고 공감하는 사회를 만들기 위해 캠페인, 홍보 활동 등을 함.

편견과 차별을 극복하고 다양성을 존중하는 교육 활동을 함.

세계 시민으로서 우리가 할 수 있는 일? 지속 가능한 미래를 위한 실천

'세계 시민'은 지구촌 문제가 우리의 문제임을 알고 이를 해결하고자 협력하는 자세를 지닌 사람이에요. 지구촌은 우리 모두가 살아가고 있는 터전이며 미래 세대도 살아가야 하는 곳이기 때문에 ⭐ 우리 모두에게 지속 가능한 미래를 만들고자 지구촌 문제에 관심을 갖고 이를 해결하고자 꾸준히 노력하는 세계 시민의 자세가 필요해요.

다음 세계 시민 점수 점검표를 통해 세계 시민으로서 내 모습을 살펴보며 우리가 실천할 수 있는 일을 생각해 봐요.

번호	질문	그렇다	보통이다	아니다
1	나는 나와 다른 문화를 가진 사람들과 잘 지낼 수 있다.			
2	나는 지구촌 문제 해결을 위한 활동에 참여한 적이 있다(자원봉사, 기부 등).			
3	나는 나의 행동이 지구촌 환경 문제에 영향을 미칠 수 있다고 생각한다.			
4	나는 지속 가능한 미래를 위해 세계 여러 나라가 문제 해결에 적극적으로 참여해야 한다고 생각한다.			
5	나는 생활 속에서 작은 일부터 실천할 수 있다.			
6	나는 환경을 생각하며 물건을 구입하고 있다.			
7	나는 지구촌에서 나타나는 여러 문제 상황을 다른 사람에게 설명할 수 있다.			
8	나는 빈곤과 기아 등 어려움에 처한 사람들의 아픔에 공감하고 이를 해결할 방안을 찾는 데 관심이 있다.			
9	나는 나와 생각이 다른 사람들과도 적극적으로 의사소통하며 문제를 해결하는 것을 좋아한다.			
10	나는 세계 시민으로서 세계 곳곳에서 나타나는 문제에 책임감을 느끼고 있다.			
결과	그렇다 ( )개 보통이다 ( )개 그렇지 않다 ( )개			

나는 세계 시민으로서 어떻게 행동했는지 점수를 점검해 볼까?

재미있는 개념 퀴즈!

1 바다 물고기들이 지구촌에서 나타나는 환경 문제에 대해 설명하고 있어요. 그런데 미세 플라스틱을 먹고 아픈 물고기가 잘못된 설명하고 있네요. 치료해야 할 물고기를 모두 찾아 ○표 하세요.

2 카페의 안과 밖에서 지구촌 환경 문제를 해결하기 위해 노력하고 있는 사람을 찾아 모두 ○표 하세요.

3 문화적 편견과 차별을 해결하기 위한 노력에 대해 바르게 설명한 내용을 골라 사다리를 타고 내려가면 만날 수 있는 어린이는 누구인지 모두 쓰세요.

3 선우가 숲속을 탐험하고 있어요. 지속 가능한 미래를 위해 세계 시민으로서 지녀야 할 자세에 대해 바르게 설명한 내용을 따라가면 안전하게 탐험을 마칠 수 있어요. 선우가 안전하게 탐험을 마칠 수 있도록 선으로 연결해 보세요.

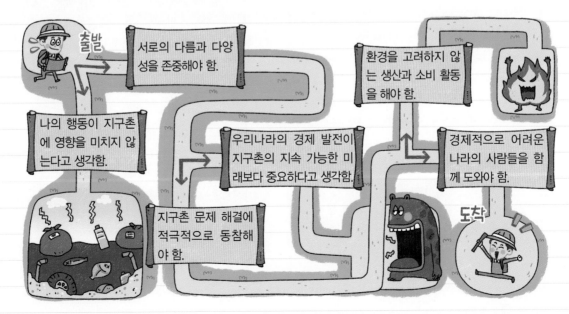

통일 한국의 미래와 지구촌의 평화

한반도의 미래와 통일

• 독도 •

위치	• 우리나라의 ❶ _____ 쪽 끝에 있는 섬 • 독특한 지형과 경관을 • 지닌 화산섬으로, 천연기념물 제336호로 지정해 보호하고 있음.
독도 문제	일본은 독도가 자기 나라의 땅이라는 억지 주장을 하고 있음. → 옛 지도와 기록에 독도가 우리나라 영토라는 사실이 나타나 있음.
지키려는 노력	• **조선 숙종 때**: ❷ _____의 노력으로 일본은 울릉도 도해 금지령을 내렸음. • **오늘날**: 정부와 민간단체들이 다양하게 노력하고 있음.

• 남북통일 문제 •

남북 분단으로 겪는 어려움	전쟁에 대한 공포, ❸ _____의 아픔, 국방비 과다로 인한 경제적 손실, 남북 간의 언어와 문화 차이 등
남북통일이 되면 얻을 수 있는 경제적 이득	국방비 절감, 북한의 풍부한 자원 활용, 철도를 이용한 외국과의 교류 확대 등

• 남북통일을 위한 다양한 노력 •

정치	남북 기본 합의서(1991년), 남북 정상 회담(2000, 2007, 2018년) 등
❹ _____	개성 공단 가동, 경의선·동해선 연결 착공식 등
사회·문화	남북한 평창 동계 올림픽 선수단 공동 입장(2018년), 남북 예술단 합동 공연 등

✏️ 개념 확인 체크! 체크!

☐ 독도의 위치와 자연환경, 역사적 자료에 나타난 독도의 필요성, 독도를 지키려는 노력 등을 이야기할 수 있어요. • 154~158쪽

☐ 남북통일 문제와 이를 위한 다양한 노력을 이야기할 수 있어요. • 162~165쪽

☐ 지구촌 갈등의 사례와 이를 해결하기 위한 여러 주체들의 노력을 이야기할 수 있어요. • 168~175쪽

☐ 지구촌 환경 문제와 이를 해결하기 위한 노력을 이야기할 수 있어요. • 178~181쪽

☐ 빈곤과 기아 문제, 문화적 편견과 차별 문제와 이를 해결하기 위한 노력을 이야기할 수 있어요. • 183~184쪽

☐ 세계 시민으로서의 자세를 이야기할 수 있어요. • 185쪽

지구촌의 평화와 발전

• 지구촌 갈등의 특징 •

영토, 자원, 종교, 언어, 인종, 민족, 역사, 정치 등 원인이 다양하고 지구촌 전체에 영향을 줍니다. → 짧은 시간에 해결이 어렵고, 여러 사람의 노력이 필요합니다.

• 지구촌 갈등 사례 •

시리아 내전	독재 정치와 종교 갈등
이스라엘과 팔레스타인의 갈등	⑤ ▢▢▢▢를 믿는 이스라엘과 이슬람교를 믿는 팔레스타인의 갈등
나이지리아 내전	언어, 민족, 종교가 서로 다른 250여 개의 종족들이 협력하지 못해 생긴 갈등
메콩강 유역의 갈등	메콩강을 둘러싼 중국과 주변 국가들의 갈등

• 지구촌 갈등 해결을 위한 노력 •

국제기구 예 국제 연합(UN)	지구촌의 ⑥ ▢▢ 유지, 전쟁 방지, 국제 협력 활동을 하는 단체 → 세계 여러 나라가 서로 협력해 지구촌 갈등을 해결하려고 노력함.
우리나라	한국 국제 협력단(KOICA)의 봉사 활동, 국제 연합에 평화 유지군 파견 등
개인	간디(비폭력 투쟁), ⑦ ▢▢ 신부(한국의 슈바이처) 등
⑧ ▢▢▢▢ 기구(NGO)	국경 없는 의사회, 그린피스, 세이브 더 칠드런, 핵무기 폐기 국제 운동 (I(AN), 해비타트, 지뢰 금지 국제 운동 등

지속 가능한 지구촌

• 지구촌의 다양한 환경 문제와 해결을 위한 노력 •

지구촌 환경 문제		
해양 플라스틱 오염 문제	열대 우림 파괴 문제	지구 ⑨ ▢▢ 문제

지구촌 환경 문제 해결을 위한 노력

· 개인: 환경 캠페인 참여하기, 일회용품 줄이기 등
· 기업: 기업의 친환경 제품 생산하기 등
· 국가: 파리 기후 협정 실천하기 등
· 세계: 세계 자연 기금의 지구촌 전등 끄기 캠페인 등

• 빈곤과 기아 문제와 해결을 위한 노력 •

원인	가뭄, 전쟁, 홍수나 지진 등으로 사람들이 빈곤과 기아에 시달리고 있음.
모습	영향을 제대로 공급받지 못해 발육 부진을 겪는 어린이들이 많고, 가족의 생계를 위해 학교에 못 가고 일을 하는 어린이들이 있음.
해결 노력	구호 활동, 식량 증대, 캠페인, 자립 활동 지원, 교육 여건 개선 등

• 문화적 편견과 차별 문제와 해결을 위한 노력 •

원인	다른 문화를 존중하지 않고 자신의 문화를 기준으로 함부로 판단하기 때문에 발생함.
해결을 위한 노력	우리와 다른 문화의 차이를 인정하고 ⑩ ▢▢▢▢하는 태도를 길러야 함.

1~3 다음은 독도와 관련된 옛 지도와 기록입니다. 물음에 답하시오.

(가)	(나)	(다)

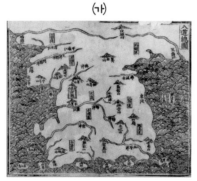  

▲ 우산도(독도)가 표기된 가장 오래된 우리나라의 옛 지도

▲ (　　　)이 공식적으로 자국의 영토 전체를 표기해 만든 지도로, 독도는 표시되어 있지 않음.

▲ 우산(독도)과 무릉(울릉도)이 울진현의 정동쪽 바다에 있다는 사실이 나와 있음.

1 위 (가)~(다) 자료가 각각 무엇인지 보기 에서 골라 쓰시오.

> 보기 「팔도총도」, 『세종실록지리지』, 「대일본전도」

(가): (　　　　　　　)　(나): (　　　　　　　)　(다): (　　　　　　　)

2 위 (나) 자료의 빈칸에 들어갈 알맞은 나라를 쓰시오.

(　　　　　　　)

3 위 (가)~(다) 자료를 통해 독도에 대해 알 수 있는 점은 무엇인지 쓰시오.

_____

_____

4 다음 자료를 통해 알 수 있는 남북통일이 필요한 까닭을 쓰시오.

북한의
철광석

+

남한의
기술력

=

값싸고 질 좋은
철강 제품

---

5 다음은 지구촌의 갈등 사례와 그 갈등 사례의 원인과 문제를 정리한 표입니다. ㈎~㈑에 들어갈 알맞은 사례를 보기 에서 각각 골라 기호를 쓰시오.

보기 ㉠ 시리아 내전   ㉡ 나이지리아 내전
     ㉢ 메콩강을 둘러싼 갈등   ㉣ 이스라엘과 팔레스타인의 갈등

사례	원인	문제
㈎ ( )	독재 정치와 종교 문제로 국내에 크고 작은 전쟁이 계속되고 있음.	도시가 파괴되고 황폐해졌으며, 사람들이 많이 희생되었음.
㈏ ( )	영토, 종교(이스라엘의 유대교, 팔레스타인의 이슬람교), 오랜 분쟁으로 인한 감정 대립으로 갈등이 계속됨.	계속된 갈등으로 많은 사람이 다치고 죽었으며, 살 곳을 잃고 대피소에서 생활하기도 함.
㈐ ( )	언어, 민족, 종교가 다른 250여 개의 종족들이 하나의 나라로 묶여 있게 됨.	종족들이 서로 협력하지 못해 독립 이후 전쟁이 일곱 번 발생하는 등 불안정한 상태임.
㈑ ( )	중국, 미얀마, 라오스, 타이, 캄보디아, 베트남을 흐르는 메콩강 상류에 중국이 거대한 댐을 건설해, 흐르는 물의 양을 조절했음.	주변의 다른 나라들은 중국이 마음대로 메콩강의 물을 막았다며 크게 반발함.

---

6 위 5번과 같은 다양한 지구촌 갈등 사례를 통해 알 수 있는 지구촌 갈등의 특징을 쓰시오.

7~8 다음 사진을 보고, 물음에 답하시오.

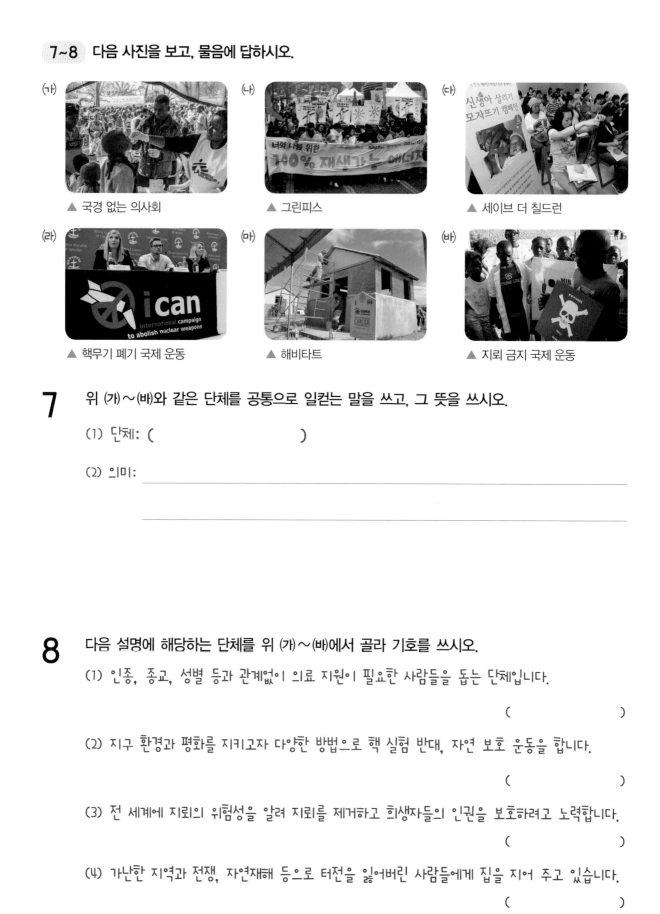

(가) ▲ 국경 없는 의사회

(나) ▲ 그린피스

(다) ▲ 세이브 더 칠드런

(라) ▲ 핵무기 폐기 국제 운동

(마) ▲ 해비타트

(바) ▲ 지뢰 금지 국제 운동

7 위 (가)~(바)와 같은 단체를 공통으로 일컫는 말을 쓰고, 그 뜻을 쓰시오.

(1) 단체: (   )

(2) 의미: _____

_____

8 다음 설명에 해당하는 단체를 위 (가)~(바)에서 골라 기호를 쓰시오.

(1) 인종, 종교, 성별 등과 관계없이 의료 지원이 필요한 사람들을 돕는 단체입니다.

(   )

(2) 지구 환경과 평화를 지키고자 다양한 방법으로 핵 실험 반대, 자연 보호 운동을 합니다.

(   )

(3) 전 세계에 지뢰의 위험성을 알려 지뢰를 제거하고 희생자들의 인권을 보호하려고 노력합니다.

(   )

(4) 가난한 지역과 전쟁, 자연재해 등으로 터전을 잃어버린 사람들에게 집을 지어 주고 있습니다.

(   )

9~10 다음 자료를 읽고, 물음에 답하시오.

전 세계 바다 곳곳에서 산호가 하얗게 변하며 죽어가는 산호 백화 현상이 진행되고 있습니다. 산호 백화 현상은 여러 원인으로 발생하지만 바다 온도의 급격한 상승, 오염 등에 큰 영향을 받습니다. 바다의 온도가 계속 상승해 지난 2년 동안 호주 연안에 있는 대산호초의 절반가량이 죽었다는 연구 결과도 발표되었습니다.

▲ 산호 백화 현상이 진행된 산호초

9 지구의 평균 기온이 점점 높아지는 현상으로, 위 자료의 환경 문제가 발생하게 된 원인을 쓰시오.

(   )

10 위 **9**번 답의 환경 문제를 해결하기 위해 개인, 기업, 국가가 실천해야 할 일을 각각 한 가지씩 쓰시오.

(1) 개인 _____

(2) 기업 _____

(3) 국가 _____

11 다음은 '세계 시민으로서 생활하기'를 실천하는 모습입니다. 이를 통해 알 수 있는 세계 시민이 지녀야 할 자세는 무엇인지 쓰시오.

필요한 만큼만 물을 사용해야지.

장바구니에 담아 갈게요.

잘 안 입는 이 옷은 재활용할 수 있는 곳에 기증해야지.

_____

_____

기후 변화의 원인, 지구 온난화

기후는 지구가 생긴 후 태양의 활동 변화, 화산 분화 등 자연적 요인에 따라 계속해서 변화하고 있어요. 기후에 인간의 활동이 강하게 영향을 미치기 시작한 것은 산업 혁명 이후부터예요. 석탄, 석유 등의 사용에 따라 온실가스가 점점 많이 배출되면서 지구의 기온이 빠르게 올라가는 기후 이상 현상이 나타나게 되었어요.

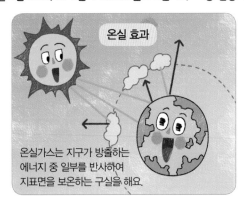

온실 효과

온실가스는 지구가 방출하는 에너지 중 일부를 반사하여 지표면을 보온하는 구실을 해요.

지구 온난화

온실가스가 늘어나면 온실 효과가 강화되어 지표의 온도가 상승해요.

이처럼 대기 중에 온실가스 농도가 증가하여 지구 평균 기온이 점점 높아지는 현상을 지구 온난화라고 해요. 온실가스 중 지구 온난화에 가장 큰 영향을 미치는 것은 이산화 탄소인데 숲은 이산화 탄소를 흡수하고 저장하는 역할을 해요. 하지만 최근 무분별한 개발로 숲이 파괴되고 있어서 지구 온난화가 가속화되고 있어요.

중학교에서 배워!

지구 온난화의 원인, 이산화 탄소의 농도

▲ 이산화 탄소 농도 변화

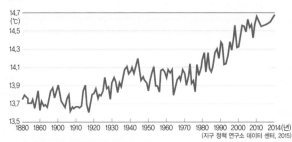

▲ 지구의 연평균 기온 변화

2014년 발간된 『기후 변화에 관한 정부 간 협의체(IPCC) 제5차 평가 종합 보고서』에 따르면 지난 113년(1880~2012년) 동안 지구의 평균 기온은 0.85 ℃ 올라갔고, 바다 온도도 높아져서 평균 해수면이 19 cm 상승했다고 해요. 특별한 대책 없이 온실가스가 계속 배출되어 이산화 탄소 농도가 증가한다면, 2100년 지구의 평균 기온은 현재보다 3.7~4.8 ℃가 더 올라가며 해수면은 무려 45~82 cm가 높아질 것이라고 해요.

용어 찾아보기

● 각 단원에 나오는 용어를 익히고 용어 퀴즈를 풀어 보세요.

1. 우리나라의 정치 발전

용어 퀴즈

다음에서 설명하는 용어를 찾아 글자판에 ○표 하세요.

❶ 낡은 제도를 새롭게 고침.

❷ 정책 결정 전에 관련된 사람들과 전문가의 의견을 듣는 공개 회의.

❸ 대통령을 국민이 직접 선거로 뽑는 방식.

❹ 모든 국민이 나라의 주인으로서 권리를 갖고, 그 권리를 자유롭고 평등하게 행사하는 정치 제도.

대	현	공	청	회
통	민	사	진	가
령	향	주	개	튼
직	중	미	주	철
선	유	선	수	의
제	신	도	연	설

정답 ❶ 유신 ❷ 공청회 ❸ 대통령 직선제 ❹ 민주주의

24쪽 보통 선거

선거일을 기준으로 만 19세 이상이면 원칙적으로 누구에게나 투표권을 주는 원칙.

27쪽 다수결의 원칙

어떤 문제를 결정할 때 다수의 의견이 소수의 의견보다 합리적일 것이라고 가정하고 다수의 의견을 채택하는 방법.

32쪽 주권

국민이 한 나라의 주인으로서 나라의 중요한 일을 스스로 결정하는 권리.

33쪽 국회

국민의 대표인 국회 의원이 나라의 중요한 일을 의논하고 결정하는 국가 기관.

33쪽 심의

어떤 일을 토의하여 적절한가를 판단하는 일.

34쪽 정부

법에 따라 나라의 살림을 맡아 하는 국가 기관.

34쪽 국무 회의

정부의 주요 정책을 심의하는 최고 심의 기관으로 대통령, 국무총리, 국무 위원으로 구성됨.

35쪽 법원

법에 따라 재판을 하는 국가 기관.

35쪽 3심 제도

국민이 공정한 재판을 받을 수 있도록 한 사건에 원칙적으로 세 번까지 재판을 받을 수 있는 제도.

37쪽 삼권 분립

우리나라에서 민주주의를 실현하려고 국가 권력을 국회, 정부, 법원이 나누어 맡는 제도.

39쪽 대정부 질문

국회 의원이 정부에 국정의 문제점을 제기하는 제도.

39쪽 조례

지역의 일을 처리하려고 지방 자치 단체가 만드는 법.

 용어 퀴즈 다음에서 설명하는 용어를 골라 바르게 줄로 이으세요.

(1) 국회 의원이 나라의 중요한 일을 의논하고 결정하는 국가 기관.

(2) 법에 따라 나라의 살림을 맡아 하는 국가 기관.

(3) 법에 따라 재판을 하는 국가 기관.

ㄱ 정부   ㄴ 법원   ㄷ 국회

| 52쪽 | 가계

경제 활동의 주요 주체로 가정 살림을 같이하는 생활 공동체.

| 52쪽 | 기업

경제 활동의 주요 주체로서 이윤 추구를 목적으로 하는 조직.

| 52쪽 | 이윤 (利 이로울 이, 潤 불을 윤)

물건이나 서비스를 생산·판매해 얻게 되는 순수한 이익.

| 54쪽 | 합리적 선택

품질, 디자인, 가격 등을 고려해 가장 적은 비용으로 큰 만족감을 얻을 수 있도록 선택하는 것을 말함.

| 55쪽 | 가치 소비

가격이 더 비싸더라도 지구 환경이나 인권 보호에 도움을 주는 제품을 구매하는 경우와 같이 자신이 추구하는 삶의 가치를 지키며 소비 생활을 하는 것.

| 55쪽 | 공정 무역

생산자의 노동에 정당한 대가를 지불하면서 소비자에게는 좀 더 좋은 물건을 공급하는 윤리적인 무역.

| 57쪽 | 시장 (市 장사 시, 場 장소 장)

물건을 사고파는 곳으로, 가계와 기업은 다양한 형태의 시장에서 만나 경제 활동을 하는 곳.

| 57쪽 | 외환

다른 나라와 거래할 때 쓰는 돈이나 그 밖의 수단.

| 63쪽 | 독과점

하나의 기업이 시장을 차지하고 있는 상태인 독점과 두 개 이상의 기업이 시장을 장악하고 있는 과점을 아울러 이르는 말.

용어 퀴즈

다음에서 설명하는 용어를 찾아 글자판에 ○표 하세요.

❶ 품질, 디자인, 가격 등을 고려해 가장 적은 비용으로 큰 만족감을 얻을 수 있도록 선택하는 것을 말함.

❷ 생산자의 노동에 정당한 대가를 지불하면서 소비자에게는 좀 더 좋은 물건을 공급하는 윤리적인 무역.

❸ 물건을 사고파는 곳으로, 가계와 기업은 다양한 형태의 시장에서 만나 경제 활동을 하는 곳.

합	디	산	택	시
리	영	솔	그	장
적	공	허	명	화
선	달	정	문	우
택	기	민	무	이
송	한	정	보	역

정답 | ❶ 합리적 선택 ❷ 공정 무역 ❸ 시장

용어 퀴즈

다음에서 설명하는 용어를 골라 바르게 줄로 이으세요.

(1) 식료품, 섬유, 종이 등 비교적 가벼운 물건을 만드는 산업.

(2) 무거운 제품이나 플라스틱, 화학 섬유 제품을 생산하는 산업.

(3) 나라와 나라 사이에 물건과 서비스를 사고파는 것.

ㄱ 경공업

ㄴ 무역

ㄷ 중화학 공업

정답 (1) — ㄱ (2) — ㄷ (3) — ㄴ

3. 세계 여러 나라의 자연과 문화

|100쪽| 세계 지도

둥근 지구를 평면으로 나타낸 것으로, 활용하면 세계 여러 나라의 위치와 영역을 한눈에 살펴볼 수 있음.

|100쪽| 적도

지구의 자전축에 대해 직각으로 지구의 중심을 지나도록 자른 평면과 지표면이 만나는 선.

|100쪽| 본초 자오선

지구의 경도를 결정하는 데 기준이 되는 선으로, 영국의 그리니치 천문대를 지나는 선으로 정함.

|101쪽| 지구본

실제 지구의 모습을 아주 작게 줄인 모형으로, 실제 지구처럼 생김새가 둥긂.

|101쪽| 디지털 영상 지도

위성 영상이나 항공 사진 등을 바탕으로 스마트폰, 컴퓨터 등 다양한 기기에서 이용할 수 있도록 디지털 정보로 표현된 지도.

|106쪽| 아시아

우리나라가 속해 있는 대륙으로, 세계 여러 대륙 중에서 가장 크며 세계 육지 면적의 약 30%를 차지함.

|106쪽| 아프리카

아시아 다음으로 큰 대륙이며, 북반구와 남반구에 걸쳐 있음.

|107쪽| 태평양

아시아, 오세아니아, 북아메리카, 남아메리카 대륙 사이에 있는 가장 큰 바다로, 우리나라와 인접해 있음.

|107쪽| 북극해

북극 주변에 있는 바다로, 대부분 얼음에 덮여 있음.

|114쪽| 기후 (氣 날씨 기, 候 상태 후)

일정한 지역에서 여러 해에 걸쳐 나타나는 평균적인 날씨.

용어 퀴즈 다음에서 설명하는 용어를 골라 바르게 줄로 이으세요.

(1) 둥근 지구를 평면으로 나타낸 자료.

(2) 실제 지구의 모습을 아주 작게 줄인 모형.

(3) 위성 영상이나 항공 사진 등이 디지털 정보로 표현된 지도.

ㆍ ㆍ ㆍ

ㆍ ㆍ ㆍ

㉠ 지구본 ㉡ 세계 지도 ㉢ 디지털 영상 지도

정답 | (1) - ㉡ (2) - ㉠ (3) - ㉢

114쪽 | 온대 기후

사계절이 비교적 뚜렷한 기후로, 여름에는 기온이 높고 강수량이 많으며, 겨울에는 기온이 낮고 강수량이 적음.

114쪽 | 한대 기후

일 년 내내 평균 기온이 매우 낮은 기후로, 평균 기온이 가장 높은 달도 10℃보다 낮음.

115쪽 | 화전 농업

밭을 만들기 위해 숲을 태우고 그 남은 재를 이용해 농작물을 기르는 농업 방식.

118쪽 | 침엽수림

침엽수(소나무, 잣나무, 향나무 등과 같이 잎이 바늘처럼 가늘고 뾰족한 나무)로 이루어진 숲.

118쪽 | 펄프

종이 등을 만들기 위해 나무 등의 섬유 식물에서 뽑아낸 재료.

122쪽 | 케밥

얇게 썬 고기 조각을 구워 먹는 터키의 대표적인 요리.

123쪽 | 사리

길고 넓은 천 한 장으로 만든 인도의 전통 복장.

125쪽 | 시에스타

에스파냐, 그리스 등에서 매우 더워 사람들이 활동하기 어려운 한낮에 잠을 자는 풍습.

128쪽 | 고비 사막

중국과 몽골에 걸쳐 있는 아시아에서 가장 큰 사막.

130쪽 | 우랄산맥

아시아와 유럽을 구분하는 경계가 되는 산맥.

132쪽 | 가나

중국의 한자와 한자의 일부를 변형하거나 간단하게 만든 일본의 문자.

용어 퀴즈 다음에서 설명하는 용어를 찾아 글자판에 ○표 하세요.

❶ 밭을 만들기 위해 숲을 태우고 그 남은 재를 이용해 농작물을 기르는 농업 방식.

❷ 소나무, 잣나무, 향나무 등과 같이 잎이 바늘처럼 가늘고 뾰족한 나무로 이루어진 숲.

❸ 얇게 썬 고기 조각을 구워 먹는 터키의 대표적인 요리.

❹ 중국의 한자와 한자의 일부를 변형하거나 간단하게 만든 일본의 문자.

프	침	엽	수	림
위	절	사	방	철
재	케	밥	화	삼
가	후	중	전	철
경	나	선	농	솔
아	지	도	업	열

정답 | ❶ 화전 농업 ❷ 침엽수림 ❸ 케밥 ❹ 가나

4. 통일 한국의 미래와 지구촌의 평화

|154쪽| **독도**

우리나라의 동쪽 끝에 있으며, 동도와 서도인 두 개의 큰 섬과 그 주위에 크고 작은 바위섬이 89개로 이루어진 섬.

|162쪽| **이산가족**

남북 분단으로 이리저리 흩어져서 서로 소식을 모르는 가족.

|169쪽| **이스라엘과 팔레스타인의 갈등**

유대교를 믿는 이스라엘과 이슬람교를 믿는 팔레스타인 사이에 영토, 종교 등의 원인으로 발생한 갈등.

|171쪽| **국제 연합**(UN)

1945년에 설립된 지구촌의 평화 유지, 전쟁 방지, 국제 협력 활동을 하는 국제기구.

|173쪽| **비정부 기구**(NGO)

뜻이 같은 개인들이 모여 지구촌의 여러 문제를 해결하고자 활동하는 조직.

|178쪽| **지속 가능한 미래**

지구촌의 사람들이 오늘날의 발전뿐만 아니라 미래 세대의 환경과 발전을 위해 책임감 있게 행동해 지구촌의 지속 가능성을 높여가는 것.

|179쪽| **지구 온난화**

지구의 평균 기온이 점점 높아지는 현상.

|179쪽| **산호 백화 현상**

바다 온도의 급격한 상승, 오염 등으로 산호가 하얗게 변하며 죽어가는 현상.

|181쪽| **파리 기후 협정**

2015년 12월 12일, 프랑스 파리에서 전 세계 195개의 나라가 지구 온난화의 원인이 되는 온실가스 배출을 줄이기 위해 동의한 협정.

|183쪽| **빈곤** (貧 가난할 빈, 困 살기 어려울 곤)

가난해 생활하는 것이 어려운 상태.

|183쪽| **기아** (飢 주릴 기, 餓 주릴 아)

먹을 것이 없어 굶주리는 것.

|185쪽| **세계 시민**

지구촌 문제가 우리의 문제임을 알고 이를 해결하고자 협력하는 자세를 지닌 사람.

용어 퀴즈

다음에서 설명하는 용어를 찾아 글자판에 ○표 하세요.

❶ 1945년에 설립된 지구촌의 평화 유지, 전쟁 방지, 국제 협력 활동을 하는 국제기구.

❷ 뜻이 같은 개인들이 모여 지구촌의 여러 문제를 해결하고자 활동하는 조직.

❸ 지구의 평균 기온이 점점 높아지는 현상.

❹ 지구촌 문제가 우리의 문제임을 알고 이를 해결하고자 협력하는 자세를 지닌 사람.

세	계	시	민	인
비	항	국	진	지
정	공	제	개	구
부	사	연	랑	온
기	진	합	수	난
구	지	도	연	화

정답 | ❶ 국제 연합 ❷ 비정부 기구 ❸ 지구 온난화 ❹ 세계 시민

부록2

단원 평가

● 각 단원에 나오는 중요 문제를 풀어 보세요.

[1~2] 다음 글을 읽고, 물음에 답하시오.

> 이승만은 독재 정치를 이어 나갔고, 이승만 정부의 부정부패로 국민의 생활이 어려워졌습니다. 이러한 상황에서 이승만 정부는 1960년 3월 15일에 예정된 정부통령 선거에서 <u>부정 선거</u>를 계획해 실행했고, 그 결과 선거에서 이겼습니다.

1 이승만 정부가 윗글의 밑줄 친 '부정 선거'를 실행한 방법으로 알맞지 <u>않은</u> 것은 어느 것입니까? ( )

① 투표한 용지를 불에 태워 없앴다.
② 남성만 투표에 참여할 수 있게 했다.
③ 조작된 투표용지를 넣어 투표함을 바꿨다.
④ 투표하지 않은 사람을 대신해서 다른 사람에게 투표하게 했다.
⑤ 유권자들에게 돈이나 물건을 주면서 이승만 정부에 투표하도록 했다.

2 윗글에서 설명한 사건의 원인으로 일어난 민주화 운동은 무엇입니까? ( )

① 4·19 혁명
② 6월 민주 항쟁
③ 5·16 군사 정변
④ 5·18 민주화 운동
⑤ 6·29 민주화 선언

서술형
3 다음 밑줄 친 헌법의 내용을 한 가지만 쓰시오.

> 5·16 군사 정변 이후 대통령이 된 박정희는 1972년 10월에 <u>유신 헌법</u>을 선포했습니다.

_____

_____

4 다음 보기 에서 5·18 민주화 운동에 대한 설명으로 알맞은 것을 모두 골라 기호를 쓰시오.

보기
㉠ 시민들은 정부와 계엄군에게 물러날 것을 요구했다.
㉡ 신문과 방송들은 광주에서 일어나는 일들을 대대적으로 보도했다.
㉢ 시민들과 학생들은 계엄군에게 총을 쏘며 폭력적으로 대항했다.
㉣ 계엄군은 시민군이 모여 있던 전라남도청을 공격해 강제로 진압했다.

( )

5 6월 민주 항쟁 당시 시민들과 학생들이 주장한 내용으로 알맞은 것을 <u>두 가지</u> 고르시오. (,)

① "대통령 직선제를 실시하라!"
② "3·15 부정 선거는 무효이다!"
③ "정부는 마산 사건을 책임져라!"
④ "전두환 정부의 독재에 반대한다!"
⑤ "박정희 정부는 유신 헌법을 철폐하라!"

6 다음 자료와 관련된 제도로 알맞은 것은 어느 것입니까? ( )

▲ 지방 의회 의원 입후보 안내에 대한 설명회

▲ 서울특별시 의회 개원 축하식

① 삼권 분립제
② 지방 자치제
③ 대통령 직선제
④ 대통령 간선제
⑤ 대통령 중심제

8 다음과 같은 활동을 무엇이라고 하는지 쓰시오.

> • 학교에서 '우리가 함께 지켜야 할 규칙은 무엇인가?'의 문제를 해결해 가는 활동입니다.
> • 지역에서 '도서관을 어디에 지어야 주민들이 편리하게 이용할 수 있을까?'의 문제를 해결해 가는 활동입니다.

( )

9 다음 보기 에서 민주주의의 기본 정신을 모두 골라 기호를 쓰시오.

> 보기
> ㉠ 자유   ㉡ 평등
> ㉢ 차별   ㉣ 인간의 존엄

( )

7 오늘날 정보 통신 기술이 발달하면서 시민들이 사회 여러 가지 문제를 해결하기 위해 참여하는 방법은 무엇입니까? ( )

①
▲ 투표

②
▲ 캠페인

③
▲ 1인 시위

④
▲ 누리 소통망 서비스 (SNS) 활동

10 다음에서 설명하는 민주 선거의 기본 원칙은 무엇입니까? ( )

> 누구나 한 사람이 한 표씩만 행사할 수 있습니다.

① 보통 선거   ② 평등 선거
③ 직접 선거   ④ 비밀 선거
⑤ 차별 선거

11 다음은 소영이네 반에서 자리를 바꾸는 문제로 회의를 하고 있습니다. 양보와 타협에 해당하는 의견을 말한 어린이는 누구입니까? ( )

① 키 순서로 앉자는 의견도 좋은 것 같아!

② 키가 큰 친구가 시력이 좋지 않아 앞자리에 앉으면 뒤에 앉은 친구가 칠판이 잘 보이지 않을 수 있어.

③ 키 순서로 자리를 정한 다음에 시력이 좋지 않은 친구들은 다시 자리를 바꾸는 것은 어떨까?

④ 친구들과 의견을 모아 결정한 일은 잘 따르고 실천하는 것이 중요해.

서술형

12 다음 상황에서 다수결의 원칙으로 의견을 정할 때 주의해야 할 점은 무엇인지 쓰시오.

> • 학급회장: 학생 자치 회의 결과, 6학년은 점심시간에 운동장을 사용할 수 없게 됐습니다.
> • 나 은: 그건 너무 불공평하다고 생각됩니다.
> • 학급회장: 하지만 다수결의 원칙에 따라 의견을 결정한 사항입니다. 그러므로 꼭 지켜 주십시오.

_____

_____

13 다음을 민주적 의사 결정 원리에 따라 문제를 해결하는 순서대로 기호를 나열하시오.

> ㉠ 문제 확인하기
> ㉡ 문제 해결 방안 결정하기
> ㉢ 문제 해결 방안 탐색하기
> ㉣ 문제 발생 원인 파악하기
> ㉤ 문제 해결 방안 실천하기

(→ → → →)

14 다음 빈칸에 공통으로 들어갈 알맞은 말을 쓰시오.

> • ( )(이)란 국민이 한 나라의 주인으로서 나라의 중요한 일을 스스로 결정하는 권리입니다.
> • 우리나라 헌법에서는 ( )이/가 국민에게 있음을 분명히 하고 있습니다.

( )

15 다음과 같은 일을 하는 국가 기관은 무엇입니까? ( )

> • 법을 만드는 일을 하며, 법을 고치거나 없애기도 합니다.
> • 나라의 살림에 필요한 예산을 심의하여 확정하는 일을 합니다.

① 국회
② 법원
③ 정부
④ 헌법 재판소
⑤ 선거 관리 위원회

16 행정 각 부에서 하는 일을 바르게 짝 지은 것은 어느 것입니까? (   )

① 교육부 – 나라를 지킨다.
② 소방청 – 국민의 생명과 재산을 보호한다.
③ 통일부 – 국민의 교육에 관한 일을 책임진다.
④ 국방부 – 식품과 의약품 등의 안전을 책임진다.
⑤ 국토교통부 – 북한과 교류하고 통일을 위해 노력한다.

서술형

17 다음 그림을 통해 알 수 있는 법원에서 하는 일은 무엇인지 쓰시오.

□□ 씨를 폭행한 것이 인정되어 징역 ○년을 선고합니다.

_____

_____

18 다음에서 설명하는 제도는 무엇인지 쓰시오.

법원에서는 국민이 공정한 재판을 받을 수 있도록 한 사건에 원칙적으로 세 번까지 재판을 받을 수 있는 제도를 두고 있습니다.

(   )

19 다음 ⊙~ⓒ에 해당하는 국가 기관을 각각 쓰시오.

⊙
법을 만듦.
견제   견제
삼권 분립
ⓒ   ⓒ
국가 살림을 함.   재판을 함.
견제

⊙: (   )
ⓒ: (   )
ⓒ: (   )

20 대형 할인점과 전통 시장 상인들 간의 갈등 해결 과정에서 다음과 같은 역할을 한 기관은 무엇입니까? (   )

• 전통 시장 상인들을 보호하는 법을 만들었습니다.
• 대형 할인점과 전통 시장 상인들 간의 갈등을 해결하기 위한 공청회를 열었습니다.

① 법원   ② 정부
③ 국회   ④ 언론
⑤ 헌법 재판소

6학년	반
이름	

1 다음을 4·19 혁명 과정에서 있었던 사건 순서대로 기호를 나열하시오.

> ㉠ 이승만이 대통령 자리에서 물러났습니다.
> ㉡ 전국에서 많은 시민과 학생들이 시위에 참여했습니다.
> ㉢ 대학교수들이 학생들을 지지하며 정부에 항의했습니다.
> ㉣ 마산에서 3·15 부정 선거를 비판하는 시위가 일어났습니다.

(→   →   →   )

2 박정희 정부가 선포한 유신 헌법의 주요 내용으로 알맞은 것을 <u>두 가지</u> 고르시오.

(,   )

① 대통령의 권한을 축소한다.
② 국민의 자유와 권리를 보장한다.
③ 대통령 직선제를 간선제로 바꾼다.
④ 대통령을 할 수 있는 횟수를 제한하지 않는다.
⑤ 민주화를 요구하는 국민의 의견을 받아들인다.

서술형

3 5·18 민주화 운동의 의의를 한 가지만 쓰시오.

_____

_____

[4~5] 다음 글을 읽고, 물음에 답하시오.

> 1987년 시민들과 학생들은 전두환 정부의 독재에 반대하고 대통령 직선제를 요구하며 전국 곳곳에서 시위를 벌였습니다.

4 윗글에서 설명하는 사건을 쓰시오.

(   )

5 위 **4**번 답의 시위 결과로 발표된 6·29 민주화 선언에 담긴 내용을 보기 에서 모두 골라 기호를 쓰시오.

> 보기
> ㉠ 대통령 간선제
> ㉡ 지역감정 없애기
> ㉢ 지방 자치제 시행
> ㉣ 언론의 자유 보장

(   )

6 다음에서 설명하는 제도는 무엇인지 쓰시오.

> 지역의 주민이 직접 선출한 지방 의회 의원과 지방 자치 단체장이 그 지역의 일을 처리하는 제도입니다.

(   )

7 다음 사진과 같이 오늘날 사회 공동의 문제를 해결하는 방식은 무엇입니까? (   )

① 캠페인   ② 1인 시위
③ 서명 운동   ④ 촛불 집회
⑤ 누리 소통망 서비스(SNS) 활용

8 생활 속 정치의 사례가 <u>아닌</u> 것은 어느 것입니까? (   )

① 친구들과 모여 숙제를 했다.
② 전교 어린이 임원 선거를 했다.
③ 학급 회의로 청소 당번을 정했다.
④ 집안일을 어떻게 나눌지 가족회의를 했다.
⑤ 주민 회의에서 지역의 쓰레기 문제 처리 방법을 논의했다.

9 다음 학생이 주장한 민주주의의 기본 정신은 무엇입니까? (   )

① 자유   ② 평등
③ 비밀   ④ 질투
⑤ 인간의 존엄

10 다음 빈칸에 들어갈 알맞은 국가 기관은 무엇입니까? (   )

> (   )은/는 선거와 국민 투표가 공정하게 이루어지도록 관리하는 독립된 기관으로, 부정 선거가 일어나는지 감시하고 국민에게 선거에 관한 올바른 의식을 갖게 하는 교육을 합니다.

① 헌법 재판소
② 선거 관리 위원회
③ 공정 거래 위원회
④ 국가 인권 위원회
⑤ 방송 통신 위원회

11 다음은 민주주의를 실천하는 바람직한 태도를 정리한 표입니다. ㉠~㉢에 해당하는 말을 각각 쓰시오.

㉠	나와 다른 의견을 인정하고 포용하는 태도
㉡	사실이나 의견의 옳고 그름을 따져 살펴보는 태도
㉢	상대방에게 어떤 일을 배려하고 서로 협의하는 것

㉠: (   )

㉡: (   )

㉢: (   )

12 다음은 민주적 의사 결정 원리에 따라 문제를 해결한 모습입니다. 빈칸에 들어갈 말로 알맞지 <u>않은</u> 것은 어느 것입니까?

(   )

소영이네 지역에서는 쓰레기 매립장 건설 문제를 해결하려고 주민 회의가 열렸습니다. 주민 회의에서 대표자들은 (   )과/와 (   )을/를 거쳐 (   )과/와 (   )(으)로 문제를 해결했습니다.

① 대화　　② 토론　　③ 양보

④ 폭력　　⑤ 타협

13 다음 문제를 민주적 의사 결정 원리에 따라 해결하는 방법으로 알맞은 것을 두 가지 고르시오. (,   )

① 다수결의 원칙을 사용한다.

② 대화와 타협으로 의견을 좁힌다.

③ 선생님이 정해 주시는 대로 따른다.

④ 무조건 고학년이 먼저 사용하게 한다.

⑤ 전교 어린이 회장 마음대로 결정한다.

14 다음 ㉠~㉢ 중 <u>잘못된</u> 내용을 골라 기호를 쓰시오.

우리나라 정치 발전 과정에서 국민이 주권을 지키려는 노력은 ㉠ 4·19 혁명, ㉡ 5·16 군사 정변, ㉢ 5·18 민주화 운동, ㉣ 6월 민주 항쟁 등에서 찾아볼 수 있습니다.

(   )

서술형

15 다음 그림을 통해 알 수 있는 국회가 하는 일은 무엇인지 쓰시오.

초등학교 주변에 과속 방지 시설을 의무적으로 설치하는 법을 제안합니다.

국회

_____

_____

16 정부에 대한 설명으로 알맞지 <u>않은</u> 것은 어느 것입니까? ( )

① 법에 따라 나라 살림을 맡아 한다.
② 국무 회의를 열어 주요 정책을 심의한다.
③ 국민의 안전과 행복을 위해 여러 가지 일을 한다.
④ 나라의 살림에 필요한 예산을 심의하여 확정한다.
⑤ 대통령, 국무총리, 여러 개의 부, 처, 청, 위원회가 있다.

17 다음 빈칸에 공통으로 들어갈 알맞은 말을 쓰시오.

법원은 법에 따라 (   )을/를 하는 곳입니다. 사람들은 다툼이 생기거나 억울한 일을 당했을 때 (   )(으)로 문제를 해결합니다.

(   )

18 공정한 재판을 위해 우리나라에서 실시하고 있는 제도로 알맞지 <u>않은</u> 것은 어느 것입니까? ( )

① 모든 재판의 과정과 결과를 공개한다.
② 법원이 정부의 지시에 따라 판결을 내린다.
③ 법원이 외부의 영향이나 간섭을 받지 않는다.
④ 법관이 헌법과 법률에 따라 공정하게 판결을 내린다.
⑤ 한 사건에 원칙적으로 세 번까지 재판을 받을 수 있다.

19 다음에서 설명하는 민주 정치의 원리는 무엇입니까? ( )

우리나라는 국가 권력을 국회, 정부, 법원이 나누어 가지고 서로 감시합니다.

① 권력 분립   ② 국민 주권
③ 대화와 타협   ④ 다수결의 원칙
⑤ 소수 의견 존중

20 다음 보기 에서 법원이 국회를 견제하는 사례를 골라 기호를 쓰시오.

보기
㉠ 국회, '국정 감사' 시작
㉡ 청와대, 국회 법률안 거부권 검토
㉢ 법원, 동성동본 금혼법 위헌 제청
㉣ 대법관 후보자 3명 임명 동의안 국회 제출

(   )

1 기업이 하는 일로 알맞은 것을 두 가지 고르시오. (　 ,　)

① ▲ 사람들에게 일자리를 제공함.

② ▲ 소득으로 필요한 물건을 구입함.

③ ▲ 생산 활동의 대가로 소득을 얻음.

④ ▲ 물건을 생산해 판매하거나 서비스를 제공해 이윤을 얻음.

서술형

2 다음 그림을 보고, 가계와 기업은 시장에서 어떻게 만나고 있는지를 쓰시오.

_____

_____

3 다음 빈칸에 들어갈 알맞은 말을 쓰시오.

> 가계의 합리적 선택이란 품질, 디자인, 가격 등을 고려해 가장 적은 비용으로 큰 (　　)을/를 얻을 수 있도록 선택하는 것입니다.

(　　　　　　)

4 학용품을 만드는 회사에서 합리적 선택을 위해 고려해야 할 점으로 알맞지 않은 것은 어느 것입니까? (　)

① 우리 물건의 장단점은 무엇일까?

② 물건을 어떻게 홍보하면 좋을까?

③ 물건을 생산하는 데 드는 비용을 어떻게 줄일 수 있을까?

④ 소비자가 편리하게 사용할 수 있는 모양과 재질은 무엇일까?

⑤ 어느 시장에 가야 생활에 필요한 물건을 가장 싸게 구입할 수 있을까?

5 눈에 보이지 않는 것을 사고파는 시장은 어느 것입니까? (　)

① ▲ 전통 시장

② ▲ 주식 시장

③ ▲ 인터넷 쇼핑

④ ▲ 텔레비전 홈 쇼핑

6 다음 그림을 통해 알 수 있는 우리나라 경제의 특징은 무엇입니까? ( )

① 자유
② 경쟁
③ 통제
④ 계획
⑤ 독점

7 다음 보기 에서 경제 활동이 공정하게 이루어질 수 있도록 정부와 시민 단체가 하는 노력을 모두 골라 기호를 쓰시오.

보기
㉠ 허위·과장 광고를 하지 못하도록 감시한다.
㉡ 기업끼리 가격을 상의해 올릴 수 있도록 지원한다.
㉢ 많은 회사가 제품을 만들어 팔 수 있도록 지원한다.
㉣ 특정 기업만 물건을 만들어 가격을 마음대로 올리지 못하도록 감시한다.

( )

서술형

8 1960년대 정부가 다음과 같은 시설들을 많이 건설한 까닭은 무엇인지 쓰시오.

• 항만   • 발전소
• 정유 시설   • 고속 국도

_____

_____

9 다음 (개), (내)에 해당하는 산업을 각각 쓰시오.

(개) 식료품, 섬유, 종이 등 비교적 가벼운 물건을 만드는 산업
(내) 철, 배, 자동차 등 무거운 제품이나 플라스틱, 고무 제품, 화학 섬유 제품을 생산하는 산업

(개): ( )
(내): ( )

10 1970년대 우리나라에서 발달한 산업을 두 가지 고르시오. (,)

① 조선 산업   ② 의류 산업
③ 철강 산업   ④ 첨단 산업
⑤ 정보 통신 산업

11 다음과 같은 상황으로 변화한 우리나라의 경제 모습으로 알맞지 <u>않은</u> 것은 어느 것입니까? ( )

> 1970년대 이후 우리나라의 산업 구조가 경공업에서 중화학 공업 중심으로 바뀌었습니다.

① 수출액이 빠르게 증가했다.
② 국민 소득이 빠르게 증가했다.
③ 사람들의 생활 수준이 크게 향상되었다.
④ 세계적으로 우수한 제품을 생산할 수 있게 되었다.
⑤ 많은 노동력이 필요한 제품을 주로 수출하게 되었다.

12 다음 밑줄 친 산업에 해당하는 것은 어느 것입니까? ( )

> 2000년대 이후 사람들에게 즐거움을 주고 삶을 편리하게 해 주는 다양한 <u>서비스 산업</u>이 빠르게 발달하고 있습니다.

①
▲ 철강 산업

②
▲ 문화 콘텐츠 산업

③
▲ 로봇 산업

④
▲ 자동차 산업

13 다음 보기 에서 경제가 성장하면서 변화한 우리나라의 생활 모습으로 알맞은 것을 모두 골라 기호를 쓰시오.

> 보기
> ㉠ 해외여행객이 줄어들고 있다.
> ㉡ 한류를 즐기는 외국인이 감소하고 있다.
> ㉢ 세계인이 모이는 국제 행사가 우리나라에서 열리고 있다.
> ㉣ 우리 문화와 관련된 상품들이 해외에서 큰 인기를 끌고 있다.

( )

14 경제가 성장함에 따라 나타나고 있는 문제점으로 알맞지 <u>않은</u> 것은 어느 것입니까? ( )

① 노사 갈등　　② 환경 오염
③ 에너지 부족　④ 경제적 양극화
⑤ 도시의 일손 부족

서술형
15 다음 그림과 같이 나라 사이에 무역이 이루어지는 까닭은 무엇인지 쓰시오.

16 다음은 우리나라의 나라별 무역액 비율(2018년)을 나타낸 그래프입니다. 수출액과 수입액 비율이 모두 가장 높은 나라는 어디인지 쓰시오.

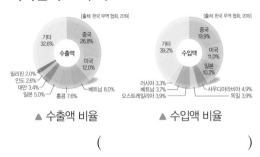

▲ 수출액 비율　　▲ 수입액 비율

(　　　　　　)

17 다음 빈칸에 들어갈 알맞은 말을 쓰시오.

> 우리나라는 물건뿐만 아니라 의료, 게임 등 (　　) 분야에서도 세계 여러 나라와 교류하고 있습니다.

(　　　　　　)

18 다음 보기 에서 자유 무역 협정에 대한 설명으로 알맞은 것을 모두 골라 기호를 쓰시오.

> 보기
> ㉠ 무역과 관련한 국제적 약속이다.
> ㉡ 우리나라는 아직 어느 나라하고도 맺지 않았다.
> ㉢ 세금, 법과 제도 등의 문제를 줄이거나 없애기로 한 약속이다.
> ㉣ 나라 간 물건이나 서비스 등의 자유로운 이동을 위해 맺은 협정이다.

(　　　　　　)

19 다음 보기 에서 다른 나라와의 경제 교류가 활발해지면서 기업에 미친 영향으로 알맞은 것을 모두 골라 기호를 쓰시오.

> 보기
> ㉠ 수출을 통해 얻는 이익이 감소하게 되었다.
> ㉡ 다른 나라의 노동력을 활용하기 어렵게 되었다.
> ㉢ 제조 비용과 운반 비용을 줄일 수 있게 되었다.
> ㉣ 새로운 기술과 아이디어를 주고받을 수 있게 되었다.

(　　　　　　)

20 우리나라가 다른 나라와 무역을 하면서 겪는 문제로 알맞지 <u>않은</u> 것은 어느 것입니까?

(　　　)

① 한국산 물건에 높은 관세를 부과한다.
② 수입 거부 때문에 다른 나라와의 갈등이 일어난다.
③ 자유 무역 협정을 체결하여 우리나라의 산업을 보호한다.
④ 다른 나라에서 수입을 제한해 우리나라 물건을 더 이상 수출할 수 없게 된다.
⑤ 다른 나라에서 수입해야 하는 물건에 문제가 생겨 우리나라에 어려움이 발생한다.

1 다음 그림과 관련 깊은 경제 주체는 무엇인지 쓰시오.

▲ 기업의 생산 활동에 참여함. ▲ 소득으로 필요한 물건을 구입함.

( )

2 수진이가 합리적 선택으로 구입하게 될 텔레비전으로 알맞은 것은 어느 것입니까?

( )

우리 집은 할아버지, 할머니가 계셔서 화면이 큰 텔레비전이 좋겠어.

① 81cm 300,000원 ② 인공지능 TV 81cm 350,000원

▲ 장점 〈가격〉 ▲ 장점 〈기능〉

 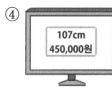

③ 81cm 350,000원 10년 무상 관리 ④ 107cm 450,000원

▲ 장점 〈서비스〉 ▲ 장점 〈크기〉

3 다음은 필통의 판매 순위를 나타낸 그래프입니다. 학용품을 만드는 회사에서 어떤 필통을 판매해야 가장 합리적 선택일지 쓰시오.

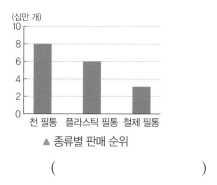

▲ 종류별 판매 순위

( )

서술형

4 다음 시장에서 물건을 구입할 때의 좋은 점은 무엇인지 쓰시오.

▲ 전통 시장 ▲ 대형 할인점

_____

_____

5 다음은 사회 시간에 호석이가 필기한 내용입니다. ㉠~㉣ 중 **잘못된** 내용을 골라 기호를 쓰시오.

자유롭게 경쟁하는 경제 활동이
우리 생활에 주는 도움

① 개인에게 주는 도움
• ㉠ 자신의 재능과 능력을 더 잘 발휘할 수 있음.
• ㉡ 소비자가 품질이 좋은 다양한 상품을 살 수 있어서 만족할 수 있음.
② 기업에게 주는 도움
• ㉢ 이윤을 기업들이 똑같이 나누어 가질 수 있음.
③ 국가에 주는 도움
• ㉣ 국가 전체의 경제 발전에 도움을 줌.

(   )

6 다음 빈칸에 들어갈 알맞은 말을 쓰시오.

우리 경제에서 기업들은 자유롭게 경제 활동을 할 수 있지만 공정하지 않은 행동을 하면 (   )에게 피해를 줄 수 있습니다.

(   )

7 1950년대 우리나라 경제 상황으로 알맞지 **않은** 것은 어느 것입니까? (   )

① 국토 전체가 폐허로 변했다.
② 소비재 산업이 주로 발전했다.
③ 산업 시설이 대부분 파괴되었다.
④ 파괴된 여러 시설을 복구하고 경제적으로 자립하기 위해 노력했다.
⑤ 공업 중심의 산업 구조를 농업 중심의 산업 구조로 변화시키려고 노력했다.

서술형

8 1960년대 우리나라에서 경공업이 주로 발달한 까닭은 무엇인지 쓰시오.

_____

_____

9 다음과 같은 문제점을 해결하기 위해 정부가 빠르게 발전시킨 산업을 **두 가지** 고르시오. (,   )

1970년대에는 우리나라의 산업이 급격하게 성장하면서 제품을 만드는 데 많은 재료가 필요해졌지만 필요한 재료는 대부분 다른 나라에서 수입해야 했습니다.

① 철강 산업   ② 의류 산업
③ 자동차 산업   ④ 서비스 산업
⑤ 석유 화학 산업

10 다음과 같은 경제 성장이 나타나기 시작한 시기는 언제입니까? (   )

• 반도체 세계 판매량 2위를 달성하며 반도체 강국으로 우뚝 섰습니다.
• 전국에 걸쳐 초고속 정보 통신망을 만들어 정보 통신 산업이 발달했습니다.

① 1950년대   ② 1960년대
③ 1970년대   ④ 1980년대
⑤ 1990년대

11 다음 산업들이 우리나라에서 발달한 순서대로 기호를 나열하시오.

ⓐ ▲ 로봇 산업
ⓑ ▲ 의류 산업
ⓒ ▲ 조선 산업
ⓓ ▲ 자동차 산업

(→   →   →   )

12 경제 성장으로 변화한 우리 생활의 다양한 모습 중에서 가장 마지막에 등장한 모습은 어느 것입니까? (   )

① 컴퓨터 보급   ② 승용차 증가
③ 고속 국도 개통   ④ 인터넷 쇼핑 증가
⑤ 흑백텔레비전 보급

13 경제 성장 과정에서 나타난 다음과 같은 문제점으로 알맞은 것은 어느 것입니까?
(   )

> 오늘날 우리나라의 경제 성장은 과거보다 크게 나아졌지만, 잘사는 사람과 그렇지 못한 사람의 소득 격차는 더욱 커졌습니다.

① 노사 갈등   ② 환경 오염
③ 경제적 양극화   ④ 에너지 자원 부족
⑤ 농촌의 일손 부족

14 환경 오염 문제를 해결하기 위한 방법을 바르게 말한 어린이를 모두 고른 것은 어느 것입니까? (   )

> • 은종: 물을 아껴 써야 해.
> • 정현: 일회용품을 많이 사용해야 해.
> • 가연: 환경 보호 운동에 관심을 가져야 해.
> • 차훈: 자전거는 위험하니 타지 않는 것이 좋아.
> • 수인: 가까운 거리는 자동차를 타고 다녀야 해.

① 은종, 정현   ② 은종, 가연
③ 정현, 수인   ④ 정현, 가연
⑤ 수인, 차훈

15 다음 그림을 보고, ㉠, ㉡에 들어갈 알맞은 말을 각각 쓰시오.

> ○○나라와 △△나라가 무역을 할 때, △△나라의 발전된 기술과 좋은 물건을 ○○나라에 (㉠)하고, △△나라에 부족하거나 없는 자원, 물건, 기술 등을 ○○나라에서 (㉡)합니다.

㉠: (   )
㉡: (   )

16 다음 내용과 관련된 우리나라의 특징으로 알맞지 <u>않은</u> 것은 어느 것입니까? (   )

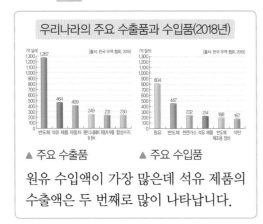

원유 수입액이 가장 많은데 석유 제품의 수출액은 두 번째로 많이 나타납니다.

① 우리나라는 석유가 생산되지 않는다.
② 우리나라는 다양한 석유 제품을 수출한다.
③ 우리나라는 원유를 가공하는 기술이 뛰어나다.
④ 우리나라는 원유를 처리하는 기술이 부족하다.
⑤ 우리나라는 나라에서 필요한 원유를 전부 수입해야 한다.

17 다른 나라와의 경제 교류가 우리 생활에 미친 영향으로 알맞지 <u>않은</u> 것은 어느 것입니까?   (   )

① 다양한 국가에서 만든 옷을 입는다.
② 다른 나라의 음식을 국내에서 먹는다.
③ 다른 나라에서 만든 영화를 영화관에서 본다.
④ 외국 음식 재료를 구하기 위해서는 그 나라에 간다.
⑤ 다른 나라에서 수입한 가구나 조명 기구를 사용하는 가정이 많아졌다.

18 다음 보기 에서 세계 여러 나라와 무역을 하면서 발생하는 문제를 모두 골라 기호를 쓰시오.

보기
㉠ 외국산에 의존해야 하는 물건의 수입 문제
㉡ 다른 나라의 수입 제한으로 발생하는 수출 감소
㉢ 우리나라 국민의 실업 방지를 위한 지원 대책 마련
㉣ 우리나라의 수입 거부 때문에 다른 나라와 일어나는 갈등

(   )

서술형

19 세계 여러 나라가 자기 나라 경제를 보호하고 있는 까닭을 한 가지 쓰시오.

_____

_____

20 다음에서 설명하는 국제기구는 무엇인지 쓰시오.

나라와 나라 사이에서 무역과 관련된 문제가 일어났을 때 공정하게 심판하려고 1995년 1월에 설립된 국제기구입니다.

(   )

1 다음에서 설명하는 자료는 무엇인지 쓰시오.

> • 둥근 지구를 평면으로 나타낸 것입니다.
> • 세계 여러 나라의 위치와 영역을 한눈에 살펴볼 수 있지만, 실제 모습과 다른 점이 있습니다.

(　　　　　　　)

2 디지털 영상 지도에 대한 설명으로 바르지 않은 것은 어느 것입니까?　　(　　)

① 내 위치를 검색할 수 있다.
② 지도를 확대, 축소할 수 있다.
③ 디지털 정보로 표현된 지도이다.
④ 지도를 위성 영상으로 바꿔 볼 수 있다.
⑤ 찾고자 하는 장소에 사는 사람들의 직업을 알 수 있다.

3 다음에서 설명하는 대륙에 속해 있는 나라는 어디입니까?　　(　　)

> 대륙 중에서 가장 크며, 세계 육지 면적의 약 30%를 차지합니다.

① 미국　　　　② 프랑스
③ 대한민국　　④ 뉴질랜드
⑤ 아르헨티나

서술형

4 다음 지도에서 ㉠ 바다의 이름을 쓰고, 그 특징을 한 가지만 쓰시오.

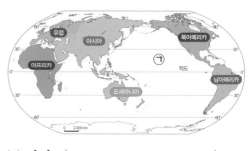

(1) 바다: (　　　　　　　)

(2) 특징: _____

_____

5 다음에서 설명하는 나라를 나타낸 지도는 무엇입니까?　　(　　)

> 아라비아반도에 있는 나라로, 국경선이 단조로운 편입니다.

① 　　②

③ 　　④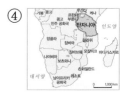

6 우리나라의 반대편에 있는 나라를 찾을 때 활용하면 좋은 자료는 무엇입니까?
( )

① 지구본 ② 지리사전
③ 세계 지도 ④ 사회과 부도
⑤ 디지털 영상 지도

7 세계의 기후에 대한 설명으로 바르지 <u>않은</u> 것은 어느 것입니까? ( )

① 극지방에서 적도 지방으로 갈수록 기온이 점차 낮아진다.
② 기후는 해당 지역의 기온과 강수량 등을 기준으로 구분한다.
③ 태양의 열을 적게 받는 극지방 부근에는 한대 기후가 나타난다.
④ 태양의 열을 많이 받는 적도 부근에는 열대 기후가 나타난다.
⑤ 각 나라의 위치나 지형에 따라 기후가 다르게 나타나기도 한다.

8 보고타와 라파스 등 해발 고도가 높은 고산 지대에서 나타나는 다음 기후는 무엇인지 쓰시오.

일 년 내내 월평균 기온이 15℃ 내외로 날씨가 온화합니다.

( )

9 온대 기후가 나타나는 지역에서 주로 발달한 농업을 바르게 선으로 연결하시오.

(1) 유럽 •   • ㉠ 벼 농사를 지음.

(2) 아시아 •   • ㉡ 주로 밀을 재배함.

(3) 지중해 주변 지역 •   • ㉢ 올리브, 포도를 많이 재배함.

10 다음과 같은 생활 모습을 볼 수 있는 지역에서 나타나는 기후는 무엇입니까?
( )

• 여름에는 밀, 감자, 옥수수 등을 재배할 수 있지만, 겨울에는 농사를 짓기 어렵습니다.
• 침엽수림이 널리 분포해 목재와 펄프의 세계적인 생산지가 되기도 합니다.

① 건조 기후 ② 열대 기후
③ 고산 기후 ④ 한대 기후
⑤ 냉대 기후

11 오른쪽과 같이 인도의 전통 복장인 사리가 한 장의 천으로 만들어지는 데 영향을 끼친 종교는 무엇입니까?
(   )

① 불교   ② 유교
③ 힌두교   ④ 기독교
⑤ 이슬람교

12 다음 내용에 대한 조사 계획을 세울 때 조사할 내용으로 알맞지 <u>않은</u> 것은 어느 것입니까?
(   )

> 몽골 사람들은 왜 게르에 살까?

① 몽골의 지형과 기후
② 게르의 구조, 재료, 특징
③ 몽골 사람들의 유목 생활
④ 게르에 사는 사람들의 생활 모습
⑤ 게르에 사는 사람들이 사용하는 언어

서술형

13 세계 여러 나라 사람들의 생활 모습을 대할 때 가져야 할 바람직한 태도를 쓰시오.

_____

_____

[14~15] 다음 지도를 보고, 물음에 답하시오.

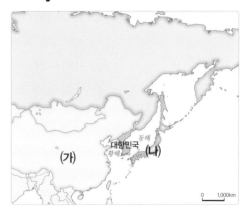

14 위 지도의 (가) 나라에서 볼 수 있는 모습을 <u>두 가지</u> 고르시오.
(,   )

①
▲ 시짱(티베트)고원

②
▲ 상하이

③
▲ 아소산

④
▲ 오이먀콘

15 위 (나) 나라에 대한 설명으로 바르지 <u>않은</u> 것은 어느 것입니까?
(   )

① 국토의 대부분이 평야이다.
② 습하고 비와 눈이 많이 내린다.
③ 화산이 많고 지진 활동이 활발하다.
④ 태평양 연안을 따라 공업 지역이 발달했다.
⑤ 네 개의 큰 섬과 3,000개가 넘는 작은 섬들로 이루어졌다.

16 다음 보기 에서 한자 문화권에 속한 나라를 모두 골라 기호를 쓰시오.

보기
㉠ 일본　　　㉡ 중국
㉢ 러시아　　㉣ 우리나라

(　　　　　　　　)

17 중국, 일본, 러시아 중 다음과 같은 식생활 모습을 볼 수 있는 나라는 어디인지 쓰시오.

• 빵을 주식으로 하며, 포크, 나이프, 숟가락을 이용해 식사를 합니다.
• 추운 날씨 때문에 차례로 음식을 내는 코스 요리 문화가 발달했습니다.

(　　　　　　　　)

18 다음 빈칸에 들어갈 분야로 알맞은 것은 어느 것입니까?　　　　(　　　)

한·중·일 환경 장관 회의 개최, 한국·러시아 정상 회담 개최 등은 우리나라와 이웃 나라가 (　　　)적으로 교류하는 모습입니다.

① 경제　　　　② 문화
③ 정치　　　　④ 군사
⑤ 역사

19 다음에서 설명하는 나라는 어디입니까?
(　　　)

• 연평균 기온이 30℃ 이상으로 덥고 건조합니다.
• 한반도 면적의 약 열 배이지만 인구는 우리나라의 약 2/3입니다.
• 우리나라가 원유를 수입하는 대표적인 나라입니다.

① 미국　　　　② 칠레
③ 캐나다　　　④ 베트남
⑤ 사우디아라비아

서술형
20 우리나라가 지리적으로 멀리 떨어진 나라와 다음과 같이 활발하게 교류하는 까닭을 쓰시오.

_____

_____

1 다음 ㉠, ㉡에 들어갈 알맞은 말을 쓰시오.

> 세계 지도와 지구본에는 위치를 쉽게 나타내기 위해 위선(가로선)과 경선(세로선)이 그려져 있습니다. 이때 (㉠)을/를 기준으로 북쪽의 위도를 북위, 남쪽의 위도를 남위라고 하며, (㉡)을/를 기준으로 동쪽의 경도를 동경, 서쪽의 경도를 서경이라고 합니다.

㉠: (   )
㉡: (   )

서술형

2 실제 지구의 모습을 아주 작게 줄인 다음 자료의 이름과 장점을 쓰시오.

(1) 이름: (   )

(2) 장점: _____

_____

3 세계의 대륙과 그 특징이 <u>잘못</u> 연결된 것은 어느 것입니까? (   )

① 아프리카 – 대륙 중에서 두 번째로 크다.
② 아시아 – 세계 육지 면적의 약 30 %를 차지한다.
③ 오세아니아 – 대륙 중에서 가장 작으며 남반구에 있다.
④ 유럽 – 다른 대륙에 비해 면적은 좁지만 많은 나라가 있다.
⑤ 북아메리카 – 대부분 남반구에 속해 있고, 남쪽은 남극해와 접해 있다.

4 다음에서 설명하는 대양을 쓰시오.

> 아시아, 오세아니아, 북아메리카, 남아메리카 대륙 사이에 있는 가장 큰 바다로, 우리나라와 인접해 있습니다.

(   )

5 오른쪽 자료에 나타난 나라에 대한 설명으로 바르지 <u>않은</u> 것은 어느 것입니까? (   )

① 남쪽에 미국이 있다.
② 북쪽에 북극해가 있다.
③ 북아메리카 대륙에 속해 있다.
④ 북서쪽에 오스트레일리아가 있다.
⑤ 북위 41°~84°, 서경 52°~141° 사이에 있다.

6 다음 보기 에서 세계 여러 나라의 면적에 대한 설명으로 바른 것을 모두 골라 기호를 쓰시오.

보기
㉠ 우리나라 영토의 면적은 세계에서 83번째로 넓다.
㉡ 세계에서 영토의 면적이 가장 넓은 나라는 미국이다.
㉢ 세계에서 영토의 면적이 가장 좁은 나라는 인도이다.
㉣ 세계에서 두 번째로 영토의 면적이 넓은 나라는 캐나다이다.

(   )

7 다음 빈칸에 공통으로 들어갈 알맞은 말을 쓰시오.

(　　　)(이)란 일정한 지역에서 여러 해에 걸쳐 나타나는 평균적인 날씨로, 세계에는 지역별로 다양한 (　　　)이/가 나타납니다.

(   )

8 건조 기후의 특징으로 알맞은 것은 어느 것입니까? (   )

① 사계절이 비교적 뚜렷하다.
② 일 년 내내 평균 기온이 매우 낮다.
③ 일 년 내내 기온이 높고 강수량이 많다.
④ 일 년 동안의 강수량을 모두 합쳐도 500 mm가 채 안 된다.
⑤ 여름에는 기온이 높고 강수량이 많으며 겨울에는 기온이 낮고 강수량이 적다.

9 다음과 같은 모습을 볼 수 있는 지역에서 주로 나타나는 기후는 무엇입니까?

(   )

▲ 화전 농업　　　▲ 열대 작물 재배

① 고산 기후　　　② 열대 기후
③ 건조 기후　　　④ 온대 기후
⑤ 냉대 기후

10 다음 지도에 표시된 지역에서 볼 수 있는 생활 모습을 두 가지 고르시오.

(,   )

① 펄프용 목재를 생산하는 모습
② 올리브나 포도를 재배하는 모습
③ 석유와 천연가스를 개발하는 모습
④ 오아시스 주변에서 농사를 짓는 모습
⑤ 순록을 기르는 유목 생활을 하는 모습

11 다음과 같이 두 나라 사람들이 주로 쓰는 모자의 재료와 특성이 서로 나른 까닭을 쓰시오.

▲ 멕시코의 솜브레로

▲ 러시아의 우산카

_____

_____

12 환경이 세계 여러 나라 사람들의 생활 모습에 미치는 영향을 조사할 때 가장 먼저 해야 할 일은 무엇입니까? (   )

① 주제 정하기
② 결과 정리하기
③ 결과 예상하기
④ 조사 계획 세우기
⑤ 자료를 수집하고 분석하기

13 다음 밑줄 친 '이 나라'에 해당하는 나라를 두 곳 고르시오. (,   )

> 이 나라는 낮이 길며 한낮에는 매우 더워 활동하기 어렵기 때문에 낮잠을 자는 '시에스타'라는 풍습이 있습니다. 이때 사람들은 점심 식사 후 한두 시간 동안 낮잠을 자거나 휴식을 취합니다.

① 영국   ② 가나
③ 인도   ④ 그리스
⑤ 에스파냐

14 다음 지도에 표시된 나라에 대한 설명으로 바르지 않은 것은 어느 것입니까? (   )

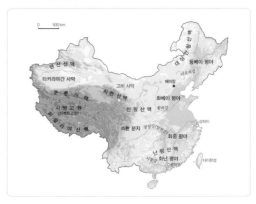

① 우리나라의 서쪽에 있다.
② 세계에서 인구가 가장 많다.
③ 서부 고원 지역에 대도시가 있다.
④ 서쪽에서 동쪽으로 갈수록 지형이 낮아진다.
⑤ 영토가 넓고 지역마다 다양한 지형과 기후가 나타난다.

서술형

15 다음 지도를 보고, 러시아의 인구 분포 특징을 한 가지만 쓰시오.

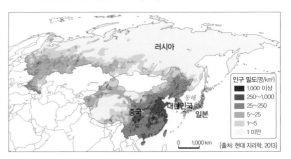
▲ 이웃 나라의 인구분포도

_____

_____

16 다음 보기 에서 중국과 일본의 생활 모습이 우리나라와 비슷한 부분이 많은 까닭을 모두 골라 기호를 쓰시오.

보기
㉠ 지리적으로 가깝기 때문이다.
㉡ 서로 교류를 거의 하지 않기 때문이다.
㉢ 대다수의 사람들이 유럽과 가까운 지역에 살기 때문이다.
㉣ 옛날부터 서로 오가면서 자연스럽게 문화를 주고받았기 때문이다.

(　　　　　　　)

17 다음에서 설명하는 나라는 어디입니까?

(　　　)

새해 첫날인 춘절에는 대문에 '복(福)' 자를 거꾸로 붙여 놓는 풍습이 있는데, 이는 '복이 들어온다'라는 뜻입니다.

① 일본　　　　② 중국
③ 미국　　　　④ 러시아
⑤ 대한민국

18 우리나라와 이웃 나라가 경제 교류를 하고 있는 모습을 두 가지 고르시오.

(　　,　　)

① 러시아 발레단의 한국 공연
② 한·중·일 환경 장관 회의 개최
③ 한·중·일 합작 만화 영화 개봉
④ 우리나라 상점에서 판매되는 러시아산 킹크랩
⑤ 한국, 중국, 일본, 러시아의 전력망 연결 사업 추진

19 미국의 자연환경과 인문 환경을 소개하는 신문을 만들 때 들어갈 내용으로 알맞지 않은 것은 어느 것입니까?　(　　)

① 영토 면적이 한반도의 약 45배 정도이다.
② 각종 지하자원이나 에너지 자원이 풍부하다.
③ 벼가 많이 재배되어 세계적인 쌀 수출국이다.
④ 우리나라와 다양한 물자와 서비스를 주고받는다.
⑤ 서부 지역과 동부 지역 사이에 네 시간 차이가 난다.

20 우리나라가 원유를 가장 많이 수입하는 지역은 어디입니까?　(　　)

① 아프리카　　　② 북아메리카
③ 남아메리카　　④ 동남아시아
⑤ 서남아시아

1 다음 사진의 섬에 대한 설명으로 바르지 않은 것은 어느 것입니까? ( )

① 우리나라의 남쪽 끝에 있는 섬이다.
② 북위 37°, 동경 132°에 가까이 있다.
③ 선박의 항로뿐만 아니라 군사적으로도 중요한 위치에 있다.
④ 독도에서 울릉도까지의 거리가 일본 오키섬까지의 거리보다 더 가깝다.
⑤ 동도와 서도인 두 개의 큰 섬과 그 주위에 크고 작은 바위섬으로 이루어졌다.

서술형
2 다음 옛 기록을 통해 독도에 대해 알 수 있는 사실을 쓰시오.

> 일본은 일본의 4개 본도(홋카이도, 혼슈, 시코쿠, 규슈)와 약 1,000개의 더 작은 인접 섬들을 포함한다. (인접 섬 중에서) 제외되는 것은 울릉도·리앙쿠르암(지금의 독도) 등이다.
> – 연합국 최고 사령관 각서 제677호(1946년)

_____

_____

3 독도의 지형 중 봉우리의 모양이 옛날 관리가 갓 아래 받쳐 쓰던 물건과 닮아서 붙여진 이름은 무엇입니까? ( )

① 탕건봉   ② 천장굴
③ 코끼리 바위   ④ 독립문 바위
⑤ 한반도 바위

4 조선 숙종 때, 안용복이 한 일로 알맞은 것은 어느 것입니까? ( )

① 독도에 살면서 고기잡이를 했다.
② 독도를 일본의 영토로 만들었다.
③ 울릉군수가 되어 독도를 일본에게서 빼앗아왔다.
④ 반크를 설립해 독도에 관한 사실을 전 세계 사람들에게 알렸다.
⑤ 일본에 건너가 울릉도와 독도가 우리나라 영토임을 확인받았다.

5 다음 보기 에서 남북 분단으로 겪는 어려움을 모두 골라 기호를 쓰시오.

> 보기
> ㉠ 이산가족의 아픔
> ㉡ 전쟁에 대한 공포
> ㉢ 농촌의 일손 부족 현상 심화
> ㉣ 국방비의 과다 사용으로 인한 경제적 손실

( )

6 남북통일을 위한 각 분야의 노력을 바르게 선으로 연결하시오.

(1) 정치적 노력 •

(2) 경제적 노력 •

(3) 사회·문화적 노력 •

• ㉠

▲ 개성 공단 가동

• ㉡

▲ 남북 정상 회담 개최

• ㉢

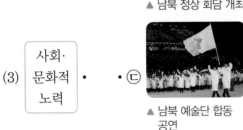
▲ 남북 예술단 합동 공연

7 통일 한국의 미래 모습을 <u>잘못</u> 예측한 어린이는 누구입니까? ( )

① 효진: 세계 평화에 기여하게 될 거야.
② 연우: 사람들의 생활 모습이 다양해질 거야.
③ 하늘: 유럽의 여러 나라와 교류하는 것이 어려워질 거야.
④ 이수: 전통문화를 체계적으로 관리하고 계승할 수 있을 거야.
⑤ 지석: 위험 요소가 해소돼서 전쟁에 대한 두려움이 사라질 거야.

8 다음 보기 에서 지구촌 갈등의 원인과 문제점을 바르게 짝 지은 것을 모두 골라 기호를 쓰시오.

보기
㉠ 시리아 내전 – 독재 정치
㉡ 나이지리아 내전 – 물 자원 문제
㉢ 메콩강을 둘러싼 갈등 – 영토 문제
㉣ 이스라엘과 팔레스타인 간의 갈등 – 종교 문제

( )

서술형

9 지구촌의 갈등이 지속되는 까닭을 한 가지만 쓰시오.

_____

_____

10 다음에서 설명하는 단체는 무엇입니까?

( )

제1, 2차 세계 대전으로 많은 피해를 입은 세계가 평화로운 방법으로 지구촌 갈등을 해결하기 위해 1945년에 설립한 국제기구입니다.

① 그린피스   ② 해비타트
③ 국제 연합   ④ 세이브 더 칠드런
⑤ 국경 없는 의사회

11 우리나라가 지구촌 갈등을 해결하기 위해 하는 활동으로 알맞지 <u>않은</u> 것은 어느 것 입니까? ( )

① 국제기구 활동에 참여한다.
② 평화를 위한 외교 활동을 한다.
③ 국제 연합에 평화 유지군을 파견한다.
④ 역사 왜곡을 하는 일본에 무력으로 항의 한다.
⑤ 한국 국제 협력단에 들어가 봉사 활동 을 한다.

12 다음에서 설명하는 사람은 누구입니까? ( )

> 남아프리카 공화국에서 일어났던 인도 인 인종 차별과 억압에 대해 비폭력적 인 방법으로 투쟁함으로써 인류 평화에 이바지했습니다.

① 간디
② 이태석 신부
③ 마틴 루서 킹
④ 조디 윌리엄스
⑤ 말랄라 유사프자이

13 해비타트에서 주장하는 내용으로 알맞은 것은 어느 것입니까? ( )

① "핵무기를 폐기하자."
② "아동의 생존과 보호를 돕자."
③ "지뢰를 제거하고 희생자들의 인권을 보호하자."
④ "터전을 잃어버린 사람들에게 집을 지 어 주자."
⑤ "인종, 종교, 성별 등에 관계없이 의 료 지원이 필요한 사람들을 돕자."

14 다음은 지구촌 평화와 발전을 위해 어린이 들이 비정부 기구를 만들어 실천하는 과정 입니다. 순서대로 기호를 나열한 것은 어 느 것입니까? ( )

> ㉠ 친구들과 비정부 기구 조직하기
> ㉡ 관심 주제에 대해 이야기 나누기
> ㉢ 어린이 비정부 기구 활동 계획 세우기
> ㉣ 어린이 비정부 기구 활동 계획 실천 하기

① ㉠ → ㉡ → ㉢ → ㉣
② ㉠ → ㉢ → ㉡ → ㉣
③ ㉡ → ㉠ → ㉢ → ㉣
④ ㉡ → ㉣ → ㉠ → ㉢
⑤ ㉢ → ㉣ → ㉠ → ㉡

15 지구촌에서 나타나는 환경 문제가 <u>아닌</u> 것 은 어느 것입니까? ( )

①
▲ 산호 백화 현상

②
▲ 열대 우림 파괴

③
▲ 플라스틱 쓰레기로 인한 해양 오염

④
▲ 빈곤과 기아로 발육 부진을 겪는 어린이

서술형

16 다음은 지구 온난화 문제를 해결하기 위한 실천 규칙입니다. ㉠에 들어갈 알맞은 내용을 한 가지만 쓰시오.

개인	가까운 거리는 자동차 대신 걸어서 이동함.
기업	이산화 탄소 배출량이 적은 제품을 개발함.
국가	㉠
세계 여러 나라	지구 온난화 문제를 해결하기 위한 국제적 노력에 동참함.

17 다음 보기 에서 환경을 생각하는 생산 활동을 모두 골라 기호를 쓰시오.

　보기
㉠ 일회용 플라스틱 제품 생산
㉡ 좁은 닭장에서 키운 닭과 달걀
㉢ 자연 분해되는 해조류 물병 생산
㉣ 사용 후 먹을 수 있는 친환경 숟가락 생산

(　　　　　　　　)

18 빈곤과 기아 문제를 해결하기 위한 노력으로 알맞지 않은 것은 어느 것입니까?
(　　　)

① 모금 활동하기
② 물건과 식량 지원하기
③ 다양성을 존중하는 교육 활동하기
④ 가뭄에 강한 작물을 키울 수 있도록 돕기
⑤ 빈곤 때문에 교육을 받지 않는 학생들이 교육을 받을 수 있도록 힘쓰기

19 문화적 편견과 차별이 계속되는 까닭을 두 가지 고르시오. (　,　)

① 세계가 점점 멀어지고 있기 때문에
② 서로 다른 문화를 존중하지 않기 때문에
③ 잘사는 나라의 문화가 더 우수하기 때문에
④ 자신의 문화를 기준으로 함부로 판단하기 때문에
⑤ 다른 나라의 문화를 있는 그대로 받아들이기 때문에

20 다음 빈칸에 들어갈 알맞은 말을 쓰시오.

(　　　　)(이)란 지구촌 문제가 우리의 문제임을 알고 이를 해결하고자 협력하는 자세를 지닌 사람입니다.

(　　　　　　　　)

231

[1~2] 다음 글을 읽고, 물음에 답하시오.

독도에는 1900년대 초만 해도 수만 마리의 강치가 살고 있었는데 1905년, (   ) 정부가 독도를 주인 없는 땅이라고 주장하며, 자국 영토로 불법적으로 편입해 강치잡이를 허락했습니다. 그 후 일본 어부들은 무자비하고 잔인하게 강치를 잡았고, 결국 독도의 강치는 점차 사라지게 되었습니다.

1 윗글의 빈칸에 들어갈 알맞은 나라는 어디입니까?   (   )

① 중국   ② 일본   ③ 미국
④ 몽골   ⑤ 러시아

2 위 **1**번에서 답한 나라의 억지 주장을 반박할 수 있는 역사적 자료로 알맞지 않은 것은 어느 것입니까?   (   )

① 「팔도총도」
② 『삼국사기』
③ 「대일본전도」
④ 대한 제국 칙령 제41호 제2조
⑤ 연합국 최고 사령관 각서 제677호

3 독도의 자연환경에 대해 잘못 설명한 어린이는 누구입니까?   (   )

① 독특한 지형과 경관을 지닌 화산섬이야.
② 경사가 급하고 대부분 암석이야.

③ 지형이 험해서 동식물들은 찾아보기 힘들어.
④ 주변 바다는 해양 생물이 살기 좋은 환경을 갖추고 있어.

4 다음 보기 에서 오늘날 독도를 지키기 위한 노력으로 알맞은 것을 모두 골라 기호를 쓰시오.

보기
㉠ 울릉도 경비대원이 독도를 지킨다.
㉡ 정부는 독도에 등대, 선박 접안 시설, 경비 시설 등을 설치했다.
㉢ 정부는 독도 생태계 보호 및 독도 이용에 관한 법령을 시행하고 있다.
㉣ 반크는 인터넷을 통해 독도에 관한 사실을 전 세계 사람들에게 알리고 있다.

(   )

서술형
5 남북통일이 된다면 얻을 수 있는 경제적 이득을 한 가지만 쓰시오.

_____

6 다음 빈칸에 들어갈 알맞은 말을 쓰시오.

> 남북한은 통일을 위한 경제적 교류의 노력으로 남한의 자본과 기술력에 북한의 노동력이 결합한 (　　　)이/가 활발하게 운영되었던 적이 있습니다.

(　　　　　　　　)

7 다음에서 설명하는 문서의 이름을 쓰시오.

> 1991년 남북 사이에 채택된 문서로, 남북 화해, 교류, 협력 등의 내용이 담겨 있습니다.

(　　　　　　　　)

8 다음과 같은 갈등을 겪고 있는 나라는 어디입니까? (　　)

> 1960년 영국으로부터 독립했지만 언어, 민족, 종교가 서로 다른 250여 개의 종족들은 서로 협력하지 못했습니다. 그래서 독립 이후 38년 동안 전쟁이 일곱 번 발생하는 등 불안정한 상태가 지속되고 있습니다.

① 중국　　　　② 미얀마
③ 베트남　　　④ 이스라엘
⑤ 나이지리아

서술형

9 다음 대화의 빈칸에 들어갈 알맞은 내용을 쓰시오.

> • 세　연: 선생님, 한 나라 안에서 일어난 문제가 지구촌 전체의 문제가 될 수 있나요?
> • 선생님: 네, 그럴 수 있어요. 왜냐하면
> 　　　　　　　　　　　　　　　

――――――――――――――――――

――――――――――――――――――

10 지구촌 갈등을 평화롭게 해결하는 방법으로 알맞지 <u>않은</u> 것은 어느 것입니까?

(　　)

①
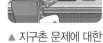
▲ 지구촌 문제에 대한 정보 찾아보기

②

▲ 지구촌 갈등에 관심을 가지면 안된다는 홍보 동영상 만들기

③ 지구촌 친구들을 도와주세요
▲ 지구촌 갈등으로 어려움을 겪는 친구들을 돕는 모금 활동하기

④

▲ 지구촌 문제 해결에 관심을 갖도록 누리 소통망 서비스로 여러 나라에 요청하기

11 다음과 같은 활동을 하는 국제 연합 산하 전문 기구는 무엇입니까? (　　)

> 교육, 과학, 문화 분야 등에서 다양한 국제 교류를 하면서 국제 평화를 추구하고 있습니다.

① 유네스코　　② 유니세프
③ 국제 노동 기구　　④ 유엔 난민 기구
⑤ 국제 원자력 기구

12 다음에서 설명하는 사람은 누구인지 쓰시오.

> 남수단에서 의료 봉사와 교육에 헌신해 '한국의 슈바이처'로 불렸던 사람입니다.

(　　　　　　　)

13 비정부 기구에 대한 설명으로 바르지 <u>않은</u> 것은 어느 것입니까? (　　)

① 각 나라 정부가 대표자를 맡는다.
② 뜻이 같은 개인들이 모여 만든 조직이다.
③ 국경을 넘어 지구촌 문제를 해결하려고 노력한다.
④ 지구촌의 갈등 해결, 평화 유지와 발전을 위해 노력한다.
⑤ 인권, 환경, 보건, 빈곤 퇴치, 성 평등 등 다양한 분야에서 활동한다.

14 다음 빈칸에 들어갈 알맞은 단체는 무엇입니까? (　　)

> 국제 인권 단체인 (　　　)은/는 1962년 각 국가 정부에 범죄가 아닌 종교나 민족, 차별 때문에 감옥에 있는 사람들을 석방하라는 편지를 지속적으로 쓴 결과, 10년 동안 2,000여 명이 감옥에서 풀려났습니다.

① 해비타트
② 그린피스
③ 국제 연합
④ 국제 앰네스티
⑤ 세이브 더 칠드런

15 다음 빈칸에 공통으로 들어갈 자연환경으로 알맞은 것은 어느 것입니까? (　　)

> ○○신문　　　　　　20△△년 △△월 △△일
>
> **아마존 (　　　) 파괴 증가**
>
> 브라질은 경제 개발을 위해서 아마존 지역을 개발하려고 한다. 그 과정에서 지구의 허파라고 불리는 아마존 (　　　)의 파괴가 급속도로 진행되고 있다.

① 사막　　　　② 고원
③ 호수　　　　④ 평야
⑤ 열대 우림

16 지구촌 환경 문제를 해결하려는 개인의 노력으로 알맞지 <u>않은</u> 것은 어느 것입니까?
( )

①
▲ 에너지 절약하기

②
▲ 일회용품 줄이기

③
▲ 환경 캠페인 참여하기

④
▲ 친환경 포장재 개발하기

17 다음 보기 에서 환경을 생각하는 생산과 소비 활동의 좋은 점을 모두 골라 기호를 쓰시오.

> 보기
> ㉠ 자원을 절약할 수 있다.
> ㉡ 우리의 건강을 지킬 수 있다.
> ㉢ 자원을 마음껏 사용할 수 있다.
> ㉣ 지속 가능한 미래를 이룰 수 있다.

( )

18 다음은 세계 기아 지도입니다. ㉠~㉣ 중 빈곤과 기아 문제에 시달리고 있는 지역을 골라 기호를 쓰시오.

전체 인구 중 영양 결핍 인구 비율
1단계(5% 미만, 극히 낮은 국가)
2단계(5~9%, 아주 낮은 국가)
3단계(10~19%, 비교적 낮은 국가)
4단계(20~34%, 비교적 높은 국가)
5단계(35% 이상, 아주 높은 국가)
자료 없음.

[출처: 국제 연합 세계 식량 계획, 2015]

( )

서술형

19 다음과 같은 문제를 해결하기 위한 노력을 한 가지만 쓰시오.

> 세계 곳곳에는 문화가 다르다는 이유로 편견과 차별에 고통받는 사람들이 있습니다.

_____

_____

20 세계 시민의 자세를 가지고 있지 <u>못한</u> 어린이는 누구입니까? ( )

① 수인: 환경을 생각하며 물건을 구입하고 있어.

② 주원: 나와 다른 문화를 가진 사람들과 잘 지낼 수 있어.

③ 가민: 빈곤에 시달리는 지구촌 어린이를 위해 기부를 했어.

④ 하진: 나의 행동이 지구촌 환경 문제에 영향을 미치지 않는다고 생각해.

⑤ 종혁: 나와 생각이 다른 사람들과도 적극적으로 의사소통하며 문제를 해결해야 한다고 생각해.

15개정 교육과정

이것만 알자!

초등 사회

6 학년

정답과 해설

ABOVE IMAGINATION

우리는 남다른 상상과 혁신으로
교육 문화의 새로운 전형을 만들어
모든 이의 행복한 경험과 성장에 기여한다

이것만 알자!

초등 사회

6학년

| 정답과 해설 |

1. 우리나라의 정치 발전

8~9쪽

이 단원을
들어가기
전에

우리나라의 정치 모습을 살펴보며
숨은 그림을 찾아보세요.

- ☑ 전구   ☑ 의자
- ☑ 주전자   ☑ 줄넘기
- ☑ 빗자루   ☑ 아이스크림

| 그림 설명 |

- 시민들이 민주화 시위를 하는 모습 → [10~17쪽 **01** 민주주의를 지킨 시민들, 4·19 혁명 ~ **03** 민주주의를 지킨 시민들, 6월 민주 항쟁] 4·19 혁명, 5·18 민주화 운동, 6월 민주 항쟁을 이해하고 시민들의 정치 참여로 민주주의가 발전할 수 있다는 것을 알 수 있습니다.

- 국회 의원이 국회에서 회의를 하는 모습 → [33쪽 **12** 국회는? 입법, 예산 심의, 국정 감사를 해.] 국가 기관인 국회에서 입법, 예산 심의, 국정 감사 등의 일을 하고 있다는 것을 배울 수 있습니다.

- 정부에서 국무 회의를 하는 모습 → [34쪽 **13** 정부는? 법에 따라 나라 살림을 해.] 국가 기관인 정부에서는 법에 따라 나라 살림을 하고 있다는 것을 배울 수 있습니다.

- 법원에서 재판을 하는 모습 → [36쪽 **14** 법원은? 법에 따라 재판을 해.] 국가 기관인 정부에서는 법에 따라 나라 살림을 하고 있다는 것을 배울 수 있습니다.

1 22 　　　　　　　　　**2** ③

3 2

1 이승만 정부의 독재 정치와 3·15 부정 선거를 배경으로 일어난 사건은 4·19 혁명입니다. 이승만 정부는 1960년 3월 15일에 시행된 정부통령 선거에서 이기려고 부정 선거를 실행했습니다.

⊙은 4, ⓒ은 3, ⓒ은 15로 4+3+15는 22입니다.

더 알기 3·15 부정 선거

이승만 정부는 1960년 3월 15일 정부통령 선거에서 이기기 위해 부정 선거를 계획했습니다. 그래서 유권자에게 돈이나 물건을 주는 방법, 투표한 용지  를 태워 없애거나 조작된 투표용지를 넣은 투표함으로 바꾸는 방법을 동원해 선거에 이겼습니다. 이러한 3·15 부정 선거는 4·19 혁명의 배경이 되었습니다.

2 ③은 유신 헌법 공포식 사진으로, 4·19 혁명과는 관련이 없는 내용입니다. 유신 헌법은 1972년 10월, 박정희 대통령이 대통령을 할 수 있는 횟수를 제한하지 않았으며, 대통령 직선제를 간선제로 바꿨던 헌법입니다.

3 **2** 시민들이 국민 투표로 새 정부를 세울 것을 요구하자, 군인들은 이를 받아들였어요.(×) → 시민들이 이전 헌법을 새로 고치고 국민 투표로 새 정부를 세울 것을 요구하였으나 정변을 일으킨 군인들은 이러한 요구를 무시하고 국민을 탄압했어요.

3 계엄군은 비폭력적인 방법으로 시민들과 학생들의 시위를 진압했어요.(×) → 계엄군은 시민들과 학생들을 향해 총을 쏘며 폭력적으로 시위를 진압했어요.

6 시민들은 어려움에 처한 이웃을 무시하고 도와주지 않았어요.(×) → 시민들은 어려움에 처한 이웃을 서로 돕는 등 힘든 상황을 함께 헤쳐 나가려고 노력했어요.

8 세계 여러 나라의 민주화 운동에 영향을 받았어요.(×) → 5·18 민주화 운동은 세계 여러 나라의 민주화 운동에 영향을 주었어요.

1 ⓒ → ② → ⓒ → ⊙

2 ⊙ 민주화 ⓒ 직선제

3 ③ 　　　　　　　　　**4** 문빈

1 6월 민주 항쟁은 ⓒ '대학생 박종철이 강제로 경찰에 끌려가 고문을 받다가 사망하는 사건이 발생했습니다.' → ② '전두환 정부가 헌법을 바꿔야 한다는 국민의 요구를 받아들이지 않겠다고 발표했습니다.' → ⓒ '시위 과정에서 대학생 이한열이 경찰이 쏜 최루탄에 맞아 사망했습니다.' → ⊙ '시민들과 학생들은 전두환 정부의 독재에 반대하고 대통령 직선제를 요구하며 전국 곳곳에서 시위를 벌였습니다.'의 순서로 일어났습니다.

2 6월 민주 항쟁의 결과, 당시 여당 대표가 대통령 직선제를 포함한 6·29 민주화 선언을 발표했습니다. 6·29 민주화 선언은 대통령 직선제, 언론의 자유 보장, 지방 자치제 시행, 지역감정 없애기 등의 내용을 담고 있습니다.

더 알기 대통령 직선제

의미	국민이 직접 대통령을 뽑는 제도
시행	6월 민주 항쟁의 결과, 6·29 민주화 선언이 발표되었고, 그에 따라 1987년 제13대 대통령 선거가 직선제로 시행되었음.

3 지역의 주민이 직접 선출한 지방 의회 의원과 지방 자치 단체장이 그 지역의 일을 처리하는 제도는 지방 자치제, 대통령을 국민이 직접 선거로 뽑는 제도는 대통령 직선제입니다. 주민 소환제는 주민이 직접 선출한 의원이나 단체장이 직무를 잘 수행하지 못했을 때 주민들이 투표로 그들을 자리에서 물러나게 하는 제도입니다. 그러므로 중기와 아인, 방찬과 은빈, 승민과 연우가 짝이 되어야 합니다.

4 문빈이가 고른 구슬에 적힌 대규모 무력 집회는 6월 민주 항쟁까지 시민들이 사회 공동의 문제를 해결하기 위해 참여했던 방식입니다.

재미있는 **개념 퀴즈!** 30~31쪽

1 수정 　　　**2** ㉠ 보통 ㉡ 평등
3 ㉠ 타협 ㉡ 양보 　**4** 다수결

1 선생님이 말한 정치 제도는 민주주의입니다. 민주주의의 기본 정신으로는 인간의 존엄, 자유, 평등이 있습니다. 민주주의의 기본 정신이 적힌 구슬을 모두 뽑은 어린이는 인간의 존엄이 적힌 빨간색 구슬, 자유가 적힌 초록색 구슬, 평등이 적힌 파란색 구슬을 들고 있는 수정입니다.

더 알기 민주주의의 기본 정신

인간의 존엄	모든 사람이 태어나는 순간부터 인간으로서 존엄과 가치를 존중받아야 함.
자유	국가나 다른 사람들에게 구속받지 않고 자신의 의사를 스스로 결정할 수 있는 자유를 인정받아야 함.
평등	신분, 재산, 성별, 인종 등에 따라 부당하게 차별받지 않고 평등하게 대우받아야 함.

2 민주 선거의 기본 원칙은 보통 선거, 평등 선거, 직접 선거, 비밀 선거입니다. ㉠ 선거일을 기준으로 만 19세 이상의 국민이면 누구나 투표할 수 있는 원칙은 보통 선거, ㉡ 누구나 한 사람이 한 표씩만 행사할 수 있는 원칙은 평등 선거에 해당합니다.

3 민주주의를 실천하는 바람직한 태도에는 관용과 비판적 태도, 양보와 타협하는 자세가 있습니다. ③은 양보와 타협에 대한 설명으로 좌표에서 찾아 보면 ㉠ (ㄴ, 2)는 '타', (ㄷ, 3)은 '협'으로 '타협'이고, ㉡ (ㄴ, 4)는 '양', (ㄹ, 5)는 '보'로 '양보'에 해당합니다.

4 다수의 의견이 소수의 의견보다 합리적일 것이라고 가정하고 다수의 의견을 채택하는 방법을 다수결의 원칙이라고 합니다.

재미있는 **개념 퀴즈!** 40~41쪽

1 셜록
2

3 2, 8 　　　　**4** 3

1 국회는 국민의 대표인 국회 의원이 나라의 중요한 일을 의논하고 결정하는 곳입니다. 국회에서는 법을 만드는 입법, 예산 심의, 국정 감사 등의 일을 합니다.

2 대통령이 특별한 이유로 일하지 못할 때 대통령의 임무를 대신하는 사람은 국무총리입니다. 교육부는 국민의 교육에 관한 일을 책임지는 일을 하고, 통일부는 북한과 교류하고 통일을 위해 노력합니다.

3 ③ 법관은 개인적인 의견이 아니라 헌법과 법률에 따라 공정하게 판결을 내려야 합니다.
⑤ 국민이 공정한 재판을 받을 수 있도록 한 사건에 원칙적으로 세 번까지 재판을 받을 수 있습니다.

4 우리나라의 삼권 분립은 국회, 정부, 법원이 국가 권력을 나누어 맡는 것을 말합니다. 알맞은 설명은 ♩(2박자)+♪(반박자)+♪(반박자)로 세 박자입니다.

개념 잡는 **생각 그물!** 42~43쪽

❶ 부정 선거 　❷ 5·18 민주화 　❸ 직선제
❹ 존엄 　　　❺ 평등 　　　　❻ 다수결
❼ 주인 　　　❽ 국회 　　　　❾ 사법권
❿ 권리

1 (다) → (나) → (가)

2 (가) 예 전두환 정부는 신문과 방송을 통제해 국민들의 알 권리를 막았으며, 민주주의를 요구하는 사람들을 탄압했다.

(나) 예 전두환이 중심이 된 군인들이 정변을 일으키고 민주화 운동을 탄압했다.

(다) 예 이승만 정부가 독재 정치를 하고 3·15 부정 선거를 저질렀다.

3 예 우리나라의 민주주의 발전에 이바지했다. / 우리나라의 대표적인 민주화 운동이다. / 시민의 정치 참여 중요성을 잘 보여 준다.

4 (1) 지방 자치제

(2) 예 지역의 주민이 직접 선출한 지방 의회 의원과 지방 자치 단체장이 그 지역의 일을 처리하는 제도이다.

5 ㉠ 인간의 존엄 ㉡ 자유 ㉢ 평등

6 예 모든 국민이 나라의 주인으로서 권리를 갖고, 그 권리를 자유롭고 평등하게 행사하는 정치 제도이다.

7 ㉠ 19 ㉡ 평등 ㉢ 직접

8 다수결의 원칙

9 예 소수의 의견도 존중해야 한다.

10 (가) 예 법을 만들고, 고치거나 없애기도 한다.

(나) 예 법에 따라 나라의 살림을 맡아 한다.

(다) 예 법에 따라 재판을 한다.

11 예 법원은 외부의 영향이나 간섭을 받지 않아야 한다. / 법관은 헌법과 법률에 따라 공정하게 판결을 내려야 한다. / 특정한 경우를 제외한 모든 재판의 과정과 결과를 공개해야 한다. / 한 사건에 원칙적으로 세 번까지 재판을 받을 수 있는 3심 제도를 두고 있다.

12 예 한 기관이 국가의 중요한 일을 마음대로 처리할 수 없도록 서로 견제하고 균형을 이루게 하여 국민의 자유와 권리를 지키기 위해서이다.

[1~3] 평가 목표: 우리나라의 민주주의 발전 과정에서 일어난 사건에 대해 설명할 수 있습니다.

1 (다) 4·19 혁명은 1960년에, (나) 5·18 민주화 운동은 1980년에, (가) 6월 민주 항쟁은 1987년에 일어난 사건입니다.

2 4·19 혁명, 5·18 민주화 운동, 6월 민주 항쟁은 나라의 주인인 국민이 국민의 뜻을 거스르는 독재 정권에 맞서 싸운 사건입니다.

채점 기준
'(가) 전두환 정부는 신문과 방송을 통제해 국민들의 알 권리를 막았으며, 민주주의를 요구하는 사람들을 탄압했다. (나) 전두환이 중심이 된 군인들이 정변을 일으키고 민주화 운동을 탄압했다. (다) 이승만 정부가 독재 정치를 하고 3·15 부정 선거를 저질렀다.'라고 모두 바르게 썼다.

3 수많은 시민들과 학생들이 4·19 혁명, 5·18 민주화 운동, 6월 민주 항쟁에 참여해 우리나라의 민주주의를 지키기 위한 노력을 했습니다.

채점 기준
'우리나라의 민주주의 발전에 이바지했다. / 우리나라의 대표적인 민주화 운동이다. / 시민의 정치 참여의 중요성을 잘 보여 준다.' 중 한 가지를 바르게 썼다.

[4] 평가 목표: 지방 자치제의 뜻을 설명할 수 있습니다.

4 지방 자치제를 실시해 주민들은 지역의 문제를 해결하려고 의견을 제시하고, 지역의 대표들은 주민들의 의견을 수렴해 여러 가지 문제를 민주적으로 해결하고 있습니다.

채점 기준
'지방 자치제'와 '지역의 주민이 직접 선출한 지방 의회 의원과 지방 자치 단체장이 그 지역의 일을 처리하는 제도이다.'를 모두 바르게 썼다.

[5~6] 평가 목표: 민주주의의 기본 정신과 이를 바탕으로 민주주의 뜻을 설명할 수 있습니다.

5 민주주의를 이루기 위해서는 모든 사람을 소중하고 존엄한 존재로 생각해야 하며, 사람들을 간섭하거나 억압하지 않으면서 자유를 인정해야 합니다. 또, 사람들을 신분, 재산, 성별, 인종 등에 따라 차별해서는 안 됩니다.

6 민주주의는 자유를 존중하고 평등을 이루어 인간의 존엄성을 지켜 가는 기본 정신을 바탕으로 이루어집니다.

> **채점 기준**
> '모든 국민이 나라의 주인으로서 권리를 갖고, 그 권리를 자유롭고 평등하게 행사하는 정치 제도이다.'라고 바르게 썼다.

[7] 평가 목표 : 민주 선거의 기본 원칙을 설명할 수 있습니다.

7 민주주의 사회에서는 공정한 선거를 위해 보통 선거, 평등 선거, 직접 선거, 비밀 선거의 원칙에 따라 투표가 이루어지고 있습니다.

[8~9] 평가 목표 : 민주적 의사 결정 원리인 다수결의 원칙에 대해 설명할 수 있습니다.

8 다수결의 원칙은 다수의 의견이 소수의 의견보다 합리적일 것이라고 가정하고 다수의 의견을 채택하는 방법입니다.

9 다수결의 원칙을 사용할 때는 다수의 의견이 항상 옳은 것은 아니기 때문에 소수의 의견도 존중해야 합니다.

> **채점 기준**
> '소수의 의견도 존중해야 한다.'라고 바르게 썼다.

[10~12] 평가 목표 : 국회, 정부, 법원에서 하는 일을 알고, 삼권 분립이 이루어지는 까닭을 설명할 수 있습니다.

10 법을 만드는 것은 국회에서, 법에 따라 정책을 집행하는 것은 정부에서, 법을 적용하는 것은 법원에서 하여 국가 권력이 어느 한 곳으로 집중되지 않도록 하고 있는데, 이를 삼권 분립이라고 합니다.

> **채점 기준**
> '㈎ 법을 만들고, 고치거나 없애기도 한다. ㈏ 법에 따라 나라의 살림을 맡아 한다. ㈐ 법에 따라 재판을 한다.'라고 모두 바르게 썼다.

11 법은 국민의 자유와 권리를 보장하기 위해 모든 사람에게 공정하게 적용되어야 합니다.

> **채점 기준**
> '법원은 외부의 영향이나 간섭을 받지 않아야 한다. / 법관은 헌법과 법률에 따라 공정하게 판결을 내려야 한다. / 특정한 경우를 제외한 모든 재판의 과정과 결과를 공개해야 한다. / 한 사건에 원칙적으로 세 번까지 재판을 받을 수 있는 3심 제도를 두고 있다.' 중 한 가지를 바르게 썼다.

12 한 사람이나 기관이 국가의 중요한 일을 결정하는 권한을 모두 가진다면, 그 권한을 마음대로 사용하거나 잘못된 결정을 할 수도 있습니다. 그렇게 되면 국민의 자유와 권리는 보장되지 못합니다.

> **채점 기준**
> '한 기관이 국가의 중요한 일을 마음대로 처리할 수 없도록 서로 견제하고 균형을 이루게 하여 국민의 자유와 권리를 지키기 위해서이다.'라고 바르게 썼다.

2. 우리나라의 경제 발전

50~51쪽

이 단원을
들어가기 전에

우리나라의 경제 발전 모습을 살펴보며
숨은 그림을 찾아보세요.

☑ 톱   ☑ 못
☑ 망치   ☑ 줄자
☑ 직각자   ☑ 스패너

| 그림 설명 |

• 시장에서 다양한 경제 활동이 이루어지는 모습

[52쪽 ⑰ 경제 활동의 주체는? 가계와 기업] 다양한 경제 활동 사례를 분석하여 가계와 기업의 경제적 역할을 설명할 수 있습니다.

[57쪽 ⑳ 가계와 기업이 만나는 곳? 시장] 시장에서 가계와 기업이 만나 경제 활동이 이루어지는 점을 배울 수 있습니다.

• 우리나라가 다른 나라와 경제 교류를 하는 모습

[80쪽 ㉘ 무역은 왜 해? 나라마다 잘 만드는 물건이나 서비스가 달라서] 다양한 경제 교류 사례를 통해 우리나라 경제가 다른 나라와 상호 의존 및 경쟁 관계에 있음을 배울 수 있습니다.

7

1 가계

2

3 적은 비용 **4** 상우, 예슬

1 '가계'는 경제 활동 중 가정 살림을 같이하는 생활 공동체를 의미합니다. 가계는 생산 활동에 참여하고 기업에서 만든 물건을 구입하는 등의 경제 활동을 합니다.

더 알기 가계에서 하는 일

가계는 기업에서 일한 대가로 소득을 얻음.

가계는 소득으로 필요한 물건을 구입함.

2 가계는 소득의 범위 안에서 적은 비용으로 가장 큰 만족을 얻도록 합리적으로 소비하는 것이 필요합니다.

3 기업은 소비자가 어떤 물건을 좋아하는지 분석해서 물건을 많이 팔 수 있는 방법을 생각합니다. 특히 기업은 보다 많은 이윤을 얻기 위해 적은 비용으로 많은 수입을 얻을 수 있도록 합리적 선택을 합니다.

4 • 유민 – 시장은 물건을 팔기만 하는 곳이야.(×) → 시장은 물건을 사고파는 곳이야.
• 지한 – 전통 시장에서는 직접 물건을 보고 사기는 어려워.(×) → 전통 시장에는 직접 가서 물건을 사야 해.
• 민영 – 텔레비전 홈 쇼핑은 직접 가서 물건을 사야 해.(×) → 텔레비전 홈 쇼핑은 직접 가서 물건을 살 수 없어.

1 자유와 경쟁 **2** ①

3

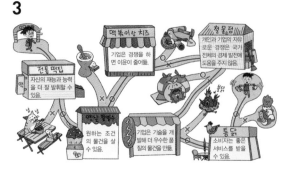

4 ㉡

1 우리나라 경제의 특징은 개인과 기업이 경제 활동의 자유를 누리면서 자신의 이익을 얻으려고 경쟁하는 것입니다.

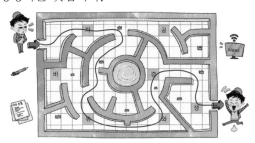

2 기업은 보다 더 많은 이윤을 얻으려고 다른 기업과 서로 경쟁합니다.

3 • 기업은 경쟁을 하면 이윤이 줄어듦.(×) → 우리나라 경제 체제에서 기업은 자유롭게 경쟁하며 더 좋은 상품을 개발해 많은 이윤을 얻을 수 있습니다.
• 개인과 기업의 자유로운 경쟁은 국가 전체의 경제 발전에 도움을 주지 않음.(×) → 개인과 기업의 자유로운 경쟁은 우리 생활뿐만 아니라 국가 전체의 경제 발전에 도움을 줍니다.

4 정부와 시민 단체는 기업 간의 불공정한 경제 활동으로 생기는 문제를 해결하고 경제 활동이 공정하게 이루어질 수 있도록 여러 가지 노력을 합니다. ㉡ 그림에 나타난 독과점을 허용해야 한다는 운동과 같이 특정 기업만 물건을 만들어 가격을 마음대로 올리는 것은 공정한 경제 활동이 아닙니다.

1 ⓓ **2** ⓒ

3 컴퓨터첨단

4 ④ → ② → ③ → ① → ⑤

1 1960년대 우리나라는 선진국에 비해 자원과 기술이 부족했지만 노동력이 풍부했기 때문에, 기업은 많은 노동력이 필요한 제품을 낮은 가격으로 생산해 수출하면서 빠르게 성장했습니다.

2 ⓒ 1970년대 이후 중화학 공업이 발달함에 따라 우리나라의 산업 구조는 경공업에서 중화학 공업 중심으로 바뀌었습니다.

3 1990년대에 컴퓨터와 가전 제품의 생산이 늘어나면서 핵심 부품인 반도체의 중요성이 커졌습니다. 또, 2000년대 이후부터는 고도의 기술이 필요한 첨단 산업과 사람들에게 즐거움을 주고 삶을 편리하게 해 주는 다양한 서비스 산업이 빠르게 발달하고 있습니다.

컴	중	화
장	퓨	첨
단	학	터

4 조개껍데기는 ④ 1960년대에 발달한 의류 산업 → ② 1970년대에 발달한 철강 산업 → ③ 1980년대에 발달한 자동차 산업 → ① 1990년대에 발달한 반도체 산업 → ⑤ 2000년대에 발달한 로봇 산업 순으로 꿰어야 합니다.

더 알기 우리나라의 시대별 경제 성장

6·25 전쟁 직후	식료품 공업, 섬유 공업 등의 소비재 산업 발달
1960년대	섬유, 신발, 가발, 의류 산업 등 경공업 발달
1970년대	철강, 석유 화학, 기계, 조선 산업 등의 중화학 공업 발달
1980년대	자동차, 기계, 전자 산업 등의 중화학 공업 발달
1990년대	컴퓨터, 반도체 산업이 발달하기 시작했고, 1990년대 후반부터 전국에 초고속 정보 통신망을 만들었음.
2000년대 이후	• 생명 공학, 우주 항공, 신소재, 로봇 산업 등의 첨단 산업 발달 • 문화 콘텐츠, 의료 서비스, 관광 산업 등의 서비스 산업 발달

1

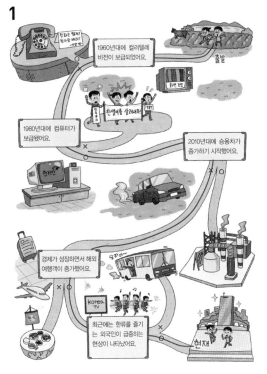

2 ②

3 • 노사 갈등 및 일자리 문제: ㉠, ㉢
• 환경 오염 및 에너지 부족: ㉡, ㉣

1 • 1960년대에 컬러텔레비전이 보급되었어요.(×) → 1960년대에 흑백텔레비전이 보급되었어요.
• 2010년대에 승용차가 증가하기 시작했어요.(×) → 승용차는 1990년대에 증가하기 시작했어요.

2 우리나라는 급격한 경제 성장 과정에서 경제적 양극화, 노사 갈등 및 일자리 문제, 환경 오염 및 에너지 부족 문제가 발생했습니다. 제시된 내용은 경제적 양극화에 대한 내용으로 이 문제를 해결하기 위해 정부, 국회, 시민 단체에서는 여러 가지 노력을 하고 있습니다.

3 노사 갈등 및 일자리 문제의 해결 노력에는 ㉠ 일자리 늘리기, ㉣ 노사 갈등 해결 노력이 적힌 카드를 붙여야 하고, 환경 오염 및 에너지 부족의 해결 노력에는 ㉡ 친환경 제품 개발, ㉢ 에너지 절약 캠페인이 적힌 카드를 붙여야 합니다.

1 2, 8   **2** ㉡

3

1 나라와 나라 사이에 물건과 서비스를 사고파는 것을 무역이라고 하고, 다른 나라에 물건을 파는 것을 수출, 다른 나라에서 물건을 사 오는 것을 수입이라고 합니다.

2 우리나라의 나라별 무역액 비율 중 수출액 비율이 높은 나라는 중국, 미국, 베트남, 홍콩 순이고, 수입액 비율이 높은 나라는 중국, 미국, 일본, 사우디아라비아 순입니다.
㉠은 베트남, ㉡은 중국, ㉢은 독일, ㉣은 오스트레일리아 국기입니다.

3 • 다른 나라와 경제 교류가 활발해지면서 전 세계의 다양한 물건을 비싸게 구입하게 되었어요.(×) → 다른 나라와 경제 교류가 활발해지면서 전 세계의 값싸고 다양한 물건을 선택할 수 있는 기회가 늘어났어요.
• 자유 무역 협정(FTA)은 나라와 나라 사이의 무역과 관련된 문제를 해결하기 위해 만들어졌어요.(×) → 무역 관련 문제를 해결하기 위해 만들어진 국제기구는 세계 무역 기구(WTO)예요.

❶ 가계   ❷ 수입   ❸ 자유
❹ 정부   ❺ 경공업   ❻ 조선
❼ 첨단   ❽ 양극화   ❾ 자연환경
❿ 국제기구

1 ㉠ 소득 ㉡ 이윤 ㉢ 일자리

2 예 기업은 물건과 서비스를 생산해 공급하며, 가계는 기업에서 일한 대가로 얻은 소득으로 물건과 서비스를 구매하고 기업은 이를 통해 이윤을 얻는다.

3 ㉠ 자유 ㉡ 경쟁

4 (라) → (나) → (바) → (마) → (다) → (가)

5 (1) (나) (2) (마), (바)

6 예 고도의 기술이 필요한 첨단 산업이 발달하고 있다.

7 (1) – ㉡ (2) – ㉠ (3) – ㉢

8 무역

9 예 나라마다 자연환경과 자본, 기술 등에 차이가 있어 더 잘 생산할 수 있는 물건이나 서비스가 다르기 때문이다.

10 (1) 중국 (2) 중국

11 예 무역과 관련된 일을 하는 국제기구에 가입한다. / 무역 문제가 발생했을 때 국제기구에 도움을 요청한다. / 무역 문제로 생기는 피해를 줄이는 대책을 마련한다. / 세계 여러 나라가 무역 문제를 함께 협상하고 합의하려 노력한다.

[1~2] 평가 목표: 가계와 기업이 하는 일을 정리해 보고, 그 관계에 대해 설명할 수 있습니다.

1 가계는 가정 살림을 같이하는 생활 공동체이고, 기업은 이윤 추구를 목적으로 하는 조직입니다.

2 가계와 기업이 하는 일은 서로에게 도움이 됩니다.

채점 기준
'기업은 물건과 서비스를 생산해 공급하며, 가계는 기업에서 일한 대가로 얻은 소득으로 물건과 서비스를 구매하고 이를 통해 기업은 이윤을 얻는다.'라고 바르게 썼다.

[3] 평가 목표 : 우리나라 경제의 특징에 대해 설명할 수 있습니다.

3 우리나라에서는 개인과 기업이 경제 활동을 자유롭게 할 수 있고, 자신의 이익을 얻으려고 서로 경쟁합니다.

[4~6] 평가 목표 : 우리나라의 경제 성장 모습을 순서대로 정리해 보고, 발달한 공업을 설명할 수 있습니다.

4 (라) 농업은 1960년대 이전에, (나) 의류 산업은 1960년대에, (바) 석유 화학 산업은 1970년대에, (마) 자동차 산업은 1980년대에, (다) 반도체 산업은 1990년대에, (가) 로봇 산업은 2000년대 이후에 발달하였습니다.

5 경공업은 식료품, 섬유, 종이 등 비교적 가벼운 물건을 만드는 산업이고, 중화학 공업은 철, 배, 자동차 등 무거운 제품이나 플라스틱, 고무 제품, 화학 섬유 제품을 생산하는 산업입니다.

6 2000년대 이후부터는 첨단 산업이 발달하고 있습니다.

채점 기준
'고도의 기술이 필요한 첨단 산업이 발달하고 있다.'라고 바르게 썼다.

더 알기 2000년대 이후 우리나라의 발달 산업

2000년대 이후부터는 고도의 기술이 필요한 생명 공학, 우주 항공, 신소재 산업, 로봇 산업과 같은 첨단 산업과 사람들에게 즐거움을 주고 삶을 편리하게 해 주는 문화 콘텐츠 산업, 의료 서비스 산업, 관광 산업, 금융 산업 등의 다양한 서비스 산업이 빠르게 발달하고 있습니다.

[7] 평가 목표 : 우리나라의 경제 성장 과정에서 나타난 문제점을 알아보고 해결 노력을 제시할 수 있습니다.

7 우리나라는 급격한 경제 성장 과정에서 경제적 양극화, 노사 갈등, 환경 오염 및 에너지 부족 문제가 발생합니다.

[8~9] 평가 목표 : 무역의 뜻과 무역이 이루어지는 까닭을 설명할 수 있습니다.

8 무역을 할 때 다른 나라에 물건을 파는 것을 수출, 다른 나라에서 물건을 사 오는 것을 수입이라고 합니다.

9 나라마다 자연환경과 자본, 기술 등이 달라 물건을 생산하는 비용에 차이가 나고, 각 나라에서는 더 잘 생산할 수 있는 것을 중심으로 생산하며 이를 상호 교류하는 과정에서 서로에게 경제적 이익이 발생합니다.

채점 기준
'나라마다 자연환경과 자본, 기술 등에 차이가 있어 더 잘 생산할 수 있는 물건이나 서비스가 다르기 때문이다.'라고 바르게 썼다.

더 알기 나라 간 경제 교류가 이루어지는 까닭

나라 간 경제 교류가 이루어지는 까닭은 나라마다 자연환경과 자본, 기술 등에 차이가 있어 더 잘 생산할 수 있는 물건이나 서비스가 다르기 때문입니다. 그래서 각 나라는 더 잘 만들 수 있는 물건이나 서비스를 생산하고, 이를 상호 교류하면서 서로 경제적 이익을 얻습니다.

[10] 평가 목표 : 우리나라의 나라별 무역액 비율을 보고, 수출액과 수입액이 가장 높은 국가를 제시할 수 있습니다.

10 우리나라의 나라별 무역액 비율이 높은 나라는 중국, 미국, 베트남 순이고, 수입액 비율이 높은 나라는 중국, 미국, 일본 순으로 중국이 수출·입 모두 가장 많은 부분을 차지하고 있음을 알 수 있습니다.

[11] 평가 목표 : 우리나라가 다른 나라와 무역을 하면서 겪는 문제를 살펴보고, 해결 방법을 제시할 수 있습니다.

11 무역 관련 문제를 해결하기 위해 많은 나라들은 국제기구 설립과 가입, 관련 국내 기관 설립, 세계 여러 나라와의 협상 등을 하며 다양하게 노력하고 있습니다.

채점 기준
'무역과 관련된 일을 하는 국제기구에 가입한다. / 무역 문제가 발생했을 때 국제기구에 도움을 요청한다. / 무역 문제로 생기는 피해를 줄이는 대책을 마련한다. / 세계 여러 나라가 무역 문제를 함께 협상하고 합의하려 노력한다.' 중 한 가지를 바르게 썼다.

3. 세계 여러 나라의 자연과 문화

98~99쪽

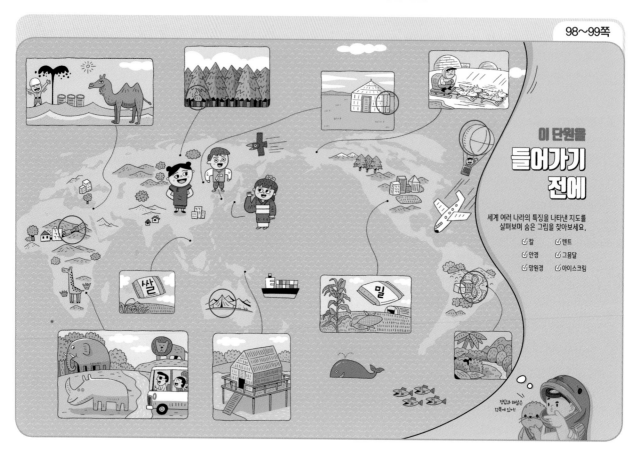

이 단원을
들어가기
전에

세계 여러 나라의 특징을 나타낸 지도를
살펴보며 숨은 그림을 찾아보세요.

☑ 칼   ☑ 텐트
☑ 안경   ☑ 그믐달
☑ 망원경   ☑ 아이스크림

정답과 해설은
12쪽에 있어요!

| 그림 설명 |

- 열대 기후 지역에서 생태 관광이 이루어지는
  모습   ↘

- 건조 기후 지역에서의 원유 생산과 초원 지대
  에서의 게르 모습   ↘

- 온대 기후 지역에서 쌀, 밀 등이 재배되는 모습   →   [115~119쪽 **37** 기후에 따라 달라! 사람들의 생활 모습] 세계 주요
                                                     기후의 분포와 특성을 알고, 이를 바탕으로 기후 환경과 사람들의 생
                                                     활 모습을 배울 수 있습니다.

- 냉대 기후 지역에 침엽수림이 펼쳐진 모습   ↗

- 한대 기후 지역의 눈 덮인 곳에서 사람들이
  생활하는 모습   ↗

1 세계 지도 **2** 위도: ① 경도: ③

3

세계 지도를 활용하면 세계 여러 나라의 위치를 한눈에 볼 수 있어요. ○

지구본은 나라와 바다의 모양, 거리가 실제와 다르게 표현되기도 해요. ×

지구본은 지구의 실제 모습과 비슷해요. ○

디지털 영상 지도는 전 세계의 모습을 한눈에 보기 어려워요. ×

디지털 영상 지도는 세계 지도나 지구본에서 찾기 어려운 다양한 정보를 얻을 수 있어요. ○

세계 지도는 인터넷에 연결되어 있어야 다양한 기능을 사용할 수 있어요. ×

디지털 영상 지도를 활용하려면 스마트폰이나 컴퓨터가 필요해요. ○

1 세계 지도는 둥근 지구를 평면으로 나타낸 것입니다.

더 알기 세계 지도

세계 지도는 둥근 지구를 평면으로 나타낸 것입니다. 세계 지도를 활용하면 세계 여러 나라의 위치와 영역을 한눈에 살펴볼 수 있습니다. 그러나 세계 지도는 둥근 지구를 평면으로 나타낸 것이기 때문에 실제 모습과 다른 점이 있습니다.

2 우리나라의 위치는 적도를 기준으로 북쪽에 있으므로 북위 33°~43°, 본초 자오선을 기준으로 동쪽에 있으므로 동경 124°~132°로 나타냅니다.

3 • 지구본은 나라와 바다의 모양, 거리가 실제와 다르게 표현되기도 해요. (×) → 세계 지도에 대한 설명이에요.

• 디지털 영상 지도는 전 세계의 모습을 한눈에 보기 어려워요. (×) → 지구본에 대한 설명이에요.

• 세계 지도는 인터넷에 연결되어 있어야 다양한 기능을 사용할 수 있어요. (×) → 디지털 영상 지도에 대한 설명이에요.

1 오취리 **2** 태평양

3 러시아 > 캐나다 > 미국

4 ❶ 사우디아라비아 ❷ 아르헨티나 ❸ 탄자니아

1 대한민국이 속해 있는 대륙은 아시아입니다.

더 알기 아시아

특징	대륙 중에서 가장 크며 세계 육지 면적의 약 30%를 차지함.
속한 나라	대한민국, 일본, 중국, 인도, 베트남, 필리핀, 부탄, 사우디아라비아, 시리아, 이라크 등

2 태평양은 아시아, 오세아니아, 북아메리카, 남아메리카 대륙 사이에 있는 가장 큰 바다로 우리나라와 인접해 있습니다.

3 러시아는 1,710만 km², 캐나다는 998만 km², 미국은 983만 km²로 영토의 면적은 러시아, 캐나다, 미국 순으로 넓습니다.

4 사우디아라비아는 국경선이 단조로운 편이고, 아르헨티나는 남쪽으로 길게 뻗은 모양이며, 탄자니아는 둥근 모양입니다.

1 4 **2** 영민

3

4 ❶ 냉대 ❷ 침엽수림 ❸ 목재

1 일 년 내내 기온이 높고 강수량이 많은 기후는 열대 기후이고, 일 년 내내 평균 기온이 매우 낮은 기후는 한대 기후입니다. 그러므로 수진이가 맞힌 다트 판 4개 중 바른 내용이 적힌 다트 판을 맞힌 것은 2개, 잘못된 내용이 적힌 다트 판을 맞힌 것은 2개이므로 5+5-3-3=4(점)입니다.

2 건조 기후 지역에서는 사하라 사막, 오아시스, 유목, 게르 등을 볼 수 있습니다. 벼농사는 온대 기후 지역, 순록은 한대 기후 지역에서 볼 수 있습니다.

더 알기 건조 기후 지역에서 볼 수 있는 모습

▲ 사막 지역의 마을 　▲ 나일강 주변의 농경지 　▲ 몽골 전통 가옥 게르

3 열대 기후 지역에서는 바나나와 같은 열대 작물을 재배하거나 화전 농업을 합니다. 또, 사파리 관광 등의 생태 관광이 많이 이루어지고 있습니다. 게르는 건조 기후 지역에 사는 사람들이 유목 생활을 하기 위해 짓는 집으로 열대 기후 지역에서는 볼 수 없습니다.

더 알기 열대 기후 지역에서 볼 수 있는 모습

▲ 화전 농업 　▲ 열대 작물 재배 　▲ 생태 관광

4 침엽수림과 펄프용 목재는 냉대 기후 지역에서 주로 볼 수 있습니다.

재미있는 **개념 퀴즈!**　　126~127쪽

1 유삐크　　　　　**2** 케밥
3 ②, ④　　　　　**4** ②

---

1 아노락이라는 전통 복장을 입는 유삐크은 북극 지방에 삽니다.

더 알기 세계 여러 나라에서 다양한 생활 모습이 나타나는 까닭

케밥	초원 지대와 사막 지역에서 유목 생활을 하던 유목민들이 육류를 쉽고 간단하게 먹으려고 조각내어 구워 먹던 것에서 비롯되었음.
사리	힌두교를 믿는 인도에서는 옷감을 자르거나 바느질하는 것을 바람직하지 않게 여기지 않기 때문에 옷을 한 장의 천으로 만들었음.
열대 지역의 고상 가옥	땅에서 올라오는 열기와 습기를 피하고 바람이 잘 통하게 하기 위해서 집을 땅에서 떨어지게 지었음.

2 케밥은 초원 지대와 사막 지역에서 유목 생활을 하던 유목민들이 육류를 쉽고 간단하게 먹으려고 조각내어 구워 먹던 것에서 비롯되어 터키의 대표적인 음식이 되었습니다.

3 열대 기후 지역에서 주로 짓는 고상 가옥은 땅에서 올라오는 열기와 습기를 피하고 바람이 잘 통하게 하려고 나무 기둥을 세워 바닥이 땅에서 떨어지게 집을 짓습니다.

4 세계 여러 나라의 생활 모습은 매우 다양하게 나타나며 고유한 가치를 지니고 있기 때문에 서로 다른 생활 모습을 이해하고 존중하려는 마음가짐이 필요합니다.

재미있는 **개념 퀴즈!**　　134~135쪽

1 ❶ 중국 ❷ 일본 ❸ 러시아
2 러시아　　　　　**3** 중국

1 중국, 일본, 러시아는 우리나라와 국경을 마주하고 있습니다. 중국은 우리나라의 서쪽에, 일본은 우리나라의 동쪽에, 러시아는 우리나라의 북쪽에 위치합니다.

2 겨울철 추위로 유명한 오이먀콘은 러시아에 위치합니다.

3 종국 – 코스 요리가 발달한 나라는 러시아입니다.

1 아빠　　　　　　**2** ③
3 2, 4, 9

1 우리나라에서 러시아 발레단의 공연 관람은 문화 교류, 이웃 나라 간 에너지 협력은 경제 교류에 해당됩니다.

2 사우디아라비아는 세계에서도 손꼽히는 원유 생산 국가입니다.

더 알기 사우디아라비아의 특징

면적	한반도 면적의 약 열 배
인구	우리나라의 약 2/3 수준
지형과 기후	연평균 기온이 30℃ 이상으로 덥고 건조함.
자원	원유
주요 산업	원유 수출
우리나라와의 관계	• 우리나라의 대표적인 원유 수입국 • 석유 자원의 수출을 바탕으로 우리나라를 비롯한 세계 각국에서 여러 기술을 도입해 국가 발전을 이루고 있음.

3 ⑥ 알래스카에서는 태권도 국기원의 날(8월 8일)을 지정해 기념하고 있어요.(×) → 캐나다에서는 태권도 국기원의 날(8월 8일)을 지정해 기념하고 있어요.

① 두바이의 세계 최고층 건물인 부르즈 칼리파는 미국의 기업이 건설했어요.(×) → 두바이의 세계 최고층 건물인 부르즈 칼리파는 우리나라의 기업이 건설했어요.

③ 우리나라는 세계 여러 나라와 경제, 문화적으로만 활발하게 교류해요.(×) → 우리나라는 세계 여러 나라와 정치, 경제, 문화적으로 활발하게 교류해요.

❶ 세계 지도　❷ 디지털 영상 지도
❸ 태평양　❹ 건조　❺ 사계절
❻ 한대　❼ 케밥　❽ 중국
❾ 원유　❿ 교류

1 ㉠ 세계 지도 ㉡ 디지털 영상 지도 ㉢ **예** 지구의 실제 모습과 비슷하게 세계 여러 나라의 위치와 영토 등의 지리 정보를 세계 지도보다 더 정확하게 담고 있음. ㉣ **예** 나라와 바다의 모양, 거리가 실제와 다르게 표현되기도 함.

2 (1) 유럽, 아프리카, 아시아, 오세아니아, 북아메리카, 남아메리카

(2) 대서양, 인도양, 태평양, 남극해, 북극해

3 ㉠ **예** 일 년 내내 기온이 높고 강수량이 많음.
㉡ **예** 일 년 동안의 강수량을 모두 합쳐도 500mm가 채 안 될 정도로 비가 내리지 않음.

4 (1) – ㉡ (2) – ㉣ (3) – ㉤ (4) – ㉢ (5) – ㉠

5 **예** 영토가 넓고 지역마다 다양한 지형과 기후가 나타난다. / 서쪽에서 동쪽으로 갈수록 지형이 낮아진다.

6 **예** 원료 수입과 제품 수출에 유리한 태평양 연안을 따라 공업 지역이 발달했다.

7 **예** 러시아 대다수의 사람들이 유럽에 가까운 서남부 지역에 살기 때문이다.

8 한자 문화권

9 **예** 지리적으로 가까이 있어 오래전부터 활발하게 교류했기 때문이다.

10 **예** 우리나라가 원유를 수입하는 대표적인 나라이다. / 우리나라에서 여러 기술을 도입해 국가 발전을 이루고 있다.

1 세계 지도는 둥근 지구를 평면으로 나타낸 것이고, 지구본은 실제 지구의 모습을 아주 작게 줄인 모형입니다. 디지털 영상 지도는 위성 영상이나 항공 사진 등을 바탕으로 스마트폰, 컴퓨터 등 다양한 기기에서 이용할 수 있도록 디지털 정보로 표현된 지도입니다.

채점 기준
'㉠ 세계 지도 ㉡ 디지털 영상 지도 ㉢ 지구의 실제 모습과 비슷하게 세계 여러 나라의 위치와 영토 등의 지리 정보를 세계 지도보다 더 정확하게 담고 있음.'을 모두 바르게 썼다. ㉣ 나라와 바다의 모양, 거리가 실제와 다르게 표현되기도 함.

2 대륙은 바다로 둘러싸인 큰 땅덩어리로, 아시아, 아프리카, 유럽, 오세아니아, 북아메리카, 남아메리카가 있습니다.

대양은 큰 바다로, 대서양, 인도양, 태평양, 남극해, 북극해가 있습니다.

3 해당 지역의 기온과 강수량 등을 기준으로 기후를 구분합니다.

채점 기준
㉠ '일 년 내내 기온이 높고 강수량이 많음.'과 ㉡ '일 년 동안의 강수량을 합쳐도 500 mm가 채 안 될 정도로 비가 내리지 않음.'을 모두 바르게 썼다.

4 세계의 기후는 열대 기후, 건조 기후, 온대 기후, 냉대 기후, 한대 기후 등으로 나눌 수 있으며, 각 지역은 기후에 따라 생활 모습이 달라집니다.

5 중국은 우리나라의 서쪽에 있으며, 면적은 우리나라보다 훨씬 넓습니다.

채점 기준
'영토가 넓고 지역마다 다양한 지형과 기후가 나타난다. / 서쪽에서 동쪽으로 갈수록 지형이 낮아진다.' 중 한 가지를 바르게 썼다.

6 일본은 우리나라의 동쪽에 위치하며, 위도가 우리나라와 비슷합니다.

채점 기준
'원료 수입과 제품 수출에 유리한 태평양 연안을 따라 공업 지역이 발달했다.'라고 바르게 썼다.

7 러시아는 많은 사람들이 서남부 지역에 살며 유럽과 교류했기 때문에 생활 모습이 유럽과 비슷합니다.

채점 기준
'러시아 대다수의 사람들이 유럽에 가까운 서남부 지역에 살기 때문이다.'라고 바르게 썼다.

더 알기 우리나라와 이웃한 나라의 위치

8 우리나라는 한자어를 많이 사용하고, 일본은 가나를 사용합니다.

9 우리나라와 지리적으로 가까운 중국, 일본의 생활 모습은 우리나라와 비슷한 부분이 많습니다.

채점 기준
'지리적으로 가까이 있어 오래전부터 활발하게 교류했기 때문이다.'라고 바르게 썼다.

10 사우디아라비아는 세계에서 손꼽히는 원유 생산 국가입니다.

채점 기준
'우리나라가 원유를 수입하는 대표적인 나라이다. / 우리나라에서 여러 기술을 도입해 국가 발전을 이루고 있다.' 중 한 가지를 바르게 썼다.

4. 통일 한국의 미래와 지구촌의 평화

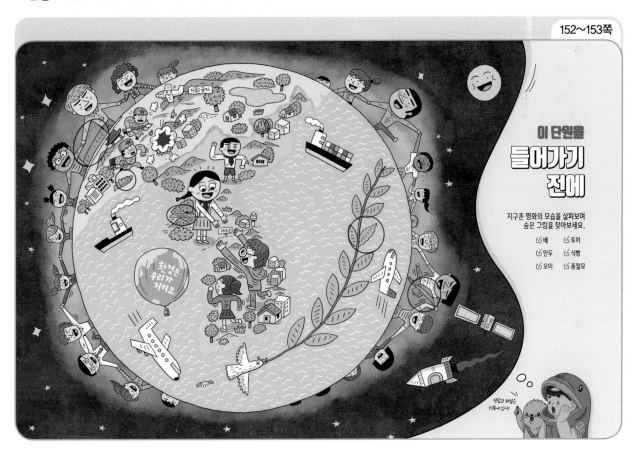

152~153쪽

이 단원을 들어가기 전에

지구촌 평화의 모습을 살펴보며
숨은 그림을 찾아보세요.

☑ 배   ☑ 토끼
☑ 만두   ☑ 식빵
☑ 오이   ☑ 중절모

그림 설명

• 평화적으로 남북통일이 이루어지고 있는 모습 →

[162~165쪽 49 남북통일, 왜 필요해? 남북 분단의 어려움 해소를 위해 ~ 50 남북통일을 위한 노력은? 정부와 민간단체에서 다양하게]

남북통일을 이루기 위해 한 다양한 노력과 세계 평화에 기여하는 통일 한국의 미래상을 배울 수 있습니다.

• 지구촌에서 발생하고 있는 전쟁 모습 →

[168~169쪽 51 지구촌 갈등의 원인은? 영토, 종교, 자원 등]

지구촌 평화와 발전을 위협하는 갈등 사례의 원인과 문제점을 배울 수 있습니다.

• 비정부 기구인 그린피스에서 활동을 하는 모습 →

[173쪽 53 지구촌 갈등 해결, 누가 노력해? 국제기구, 국가, 개인, 비정부 기구]

지구촌 문제를 해결하기 위한 여러 주체들 중 비정부 기구의 활동을 배울 수 있습니다.

1 상우, 예슬, 지한   **2** ㉡

3

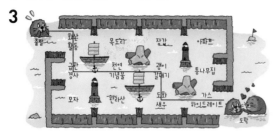

4 ㉢

1 • 독도는 우리나라의 서쪽 끝에 있는 섬이
야.(×) → 독도는 우리나라의 동쪽 끝에 있는
섬이야.

• 독도는 동해의 가장자리에 자리 잡고 있
어.(×) → 독도는 동해의 한가운데에 자리 잡
고 있어.

2 ㉡ 무릉은 지금의 제주도가 아니라 울릉도에 해
당합니다.

3 독도는 오래 전 화산 활동으로 만들어진 섬으로,
독특한 지형과 경관이 나타납니다. 또, 독도는
천연기념물 제336호로 지정되어 보호되고 있으
며, 주변 바다에는 풍부한 자원이 있습니다.

4 ㉢ '반크'는 민간단체로 인터넷 등 사이버 상에
서 활동하는 외교 사절단입니다.

1 민수, 엄마   **2** ㉠ 국방비 ㉡ 철도
3 1, 2, 4, 6

1 • 아빠: 국방비로 너무 적은 비용을 사용하는
것 같아.(×) → 남북이 분단되어 국방비로 쓰
이는 비용이 너무 많아.

• 누나: 남북한 사람들이 쓰는 언어가 같아 남
한과 북한 사람을 구분할 수 없어요.(×) →
남북한 사람들은 예전에는 같은 언어를 사용
하고 같은 역사와 문화를 공유했지만, 분단으
로 언어와 문화가 달라졌어요.

2 우리나라는 광복 이후 남과 북에 서로 다른 정부
가 수립되었고, 6·25 전쟁을 겪으면서 남한과
북한이 분단된 상태입니다. 남한과 북한이 통일
된다면 남북 분단으로 인한 이산가족의 아픔,
국방비 과다로 인한 경제적 손실 등의 어려움이
해소되고 경제적으로도 많은 이점이 있습니다.

3 • ③번 버스 – 남북한 정상 회담은 이루어지지
않았어.(×) → 남북한 정상 회담은 여러 차례
이루어졌어.

• ⑤번 버스 – 1960년부터 모든 올림픽에 남북
한 단일팀으로 출전했지.(×) → 2018년 평창
동계 올림픽 대회에 남북 선수단이 단일팀으
로 출전했지.

1 (1) – ㉢ (2) – ㉡ (3) – ㉠
2 ③
3

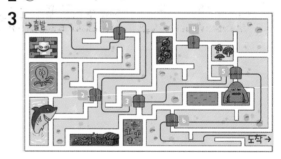

1 세계 여러 지역에서는 다양한 이유로 갈등이 일
어나고 있습니다.

2 유네스코는 교육, 과학, 문화 분야 등에서 다양
한 국제 교류를 하면서 국제 평화를 추구하고 있
습니다.

3 ② 지뢰 금지 국제 운동은 전 세계에 지뢰의 위
험성을 알려 지뢰를 제거하고 희생자들의 인권
을 보호하려고 노력을 해요.

④ 그린피스는 지구 환경과 평화를 지키고자 다
양한 방법으로 핵 실험 반대, 자연 보호 운동을
해요.

1

2

3 유진, 원영

4

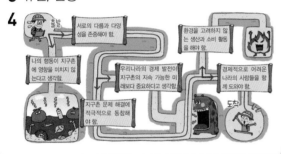

1 • 지구촌 환경 문제는 미래 세대에 영향을 미칩니다.
• 사람들이 경제적 이익, 편리함 등을 생각하며 환경을 생각하지 않고 개발을 하기 때문에 환경 문제가 발생합니다.

2 지구촌 환경 문제를 해결하기 위해서는 사용하지 않는 전기 플러그를 뽑아 놓는 등 에너지를 절약하고, 친환경 빨대나 텀블러를 사용하는 등 일회용품의 사용을 줄여야 합니다.

3 가뭄에 강한 작물을 키울 수 있도록 돕는 것과 모금 활동 및 물건, 식량 등을 지원하는 것은 지구촌의 빈곤 및 기아 문제를 해결하려는 노력입니다.

4 지속 가능한 미래를 위해 세계 시민으로서 나의 행동이 지구촌에 영향을 미칠 수 있다고 생각하고, 우리나라의 경제 발전과 지구촌의 지속 가능한 미래를 모두 중요하게 생각하며, 환경을 고려하는 생산과 소비 활동을 해야 합니다.

❶ 동   ❷ 안용복   ❸ 이산가족
❹ 경제   ❺ 유대교   ❻ 평화
❼ 이태석   ❽ 비정부 기구   ❾ 온난화
❿ 존중

1 (가) 「팔도총도」 (나) 「대일본전도」 (다) 『세종실록지리지』

2 일본

3 ⑳ 옛날부터 독도는 우리나라 땅이라고 우리 조상들이나 일본 사람들 모두 생각하고 있었다.

4 ⑳ 북한의 풍부한 자원과 남한의 높은 기술력을 이용하면 경쟁력 있는 제품을 만들 수 있다.

5 (가) ㉠ (나) ㉣ (다) ㉡ (라) ㉢

6 ⑳ 지구촌 갈등에는 영토, 자원, 종교, 언어, 민족, 역사, 정치 등의 다양한 원인이 복합적으로 얽혀 있다.

7 (1) 비정부 기구(NGO)
  (2) ⑳ 비정부 기구는 뜻이 같은 개인들이 모여 지구촌의 여러 문제를 해결하고자 활동하는 조직이다.

8 (1) (가) (2) (나) (3) (바) (4) (마)

9 지구 온난화

10 (1) ⑳ 가까운 거리는 자동차 대신 걸어서 이동한다.
  (2) ⑳ 이산화 탄소 배출량이 적은 제품을 개발한다.
  (3) ⑳ 온실가스를 줄이기 위한 정책을 만든다.

11 ⑳ 지구촌의 문제에 관심을 갖고 이를 해결하고자 꾸준히 노력한다.

[1~3] **평가 목표**: 독도와 관련된 옛 지도와 기록을 살펴보고 독도는 우리 땅이라는 증거를 찾을 수 있습니다.

1 제시된 자료 모두에 독도가 우리나라 영토라는 사실이 나타나 있습니다.

2 (나) 「대일본전도」는 일본이 공식적으로 자국의 영토 전체를 표기해 만든 지도입니다. 여기에는 일본 영토를 자세히 그려 놓았지만, 독도는 어디에도 없습니다.

3 「팔도총도」, 「대일본전도」 등의 옛 지도와 『세종실록지리지』 등의 옛 기록을 통해 우리 조상들은 독도를 우리나라 땅이라고 생각했으나, 일본 사람들은 독도를 자신들의 영토라고 생각하지 않았음을 알 수 있습니다.

채점 기준
'옛날부터 독도는 우리나라 땅이라고 우리 조상이나 일본 사람들 모두 생각하고 있었다.'라고 바르게 썼다.

[4] 평가 목표 : 남북통일이 필요한 까닭을 경제적인 측면에서 설명할 수 있습니다.

4 남북 분단으로 남한과 북한은 자원을 효율적으로 이용하지 못해 여러 가지 경제적 손실을 입고 있습니다.

채점 기준
'북한의 풍부한 자원과 남한의 높은 기술력을 이용하면 경쟁력 있는 제품을 만들 수 있다.'라고 바르게 썼다.

더 알기 남북통일의 경제적 이득

국방비 절감	국방비가 줄었기 때문에 남은 비용을 삶의 질을 높이는 곳에 사용할 수 있음.
북한의 풍부한 지하자원 활용	북한의 자원과 남한의 기술력을 이용하면 경쟁력 있는 제품을 만들 수 있음.
철도를 이용한 교류 확대	철도를 이용해서 외국과 더욱 활발하게 교류할 수 있음.

[5~6] 평가 목표 : 지구촌의 갈등 사례와 그 갈등 사례의 원인과 문제에 대해 설명할 수 있습니다.

5 세계 여러 지역에서는 다양한 이유로 갈등이 일어나고 있습니다.

6 지구촌 갈등의 문제는 짧은 시간에 해결하기 어렵고, 문제를 해결하려면 여러 사람이 함께 해결해야 합니다.

채점 기준
'지구촌 갈등에는 영토, 자원, 종교, 언어, 민족, 역사, 정치 등의 다양한 원인이 복합적으로 얽혀 있다.'라고 바르게 썼다.

[7~8] 평가 목표 : 비정부 기구의 뜻과 각 단체에서 하는 일을 설명할 수 있습니다.

7 비정부 기구는 국제기구와는 달리 특정 분야에 관심 있는 사람들이 스스로 모여서 국경을 넘어 문제를 해결하려고 만든 단체입니다.

채점 기준
(1) '비정부 기구(NGO)'와 (2) '비정부 기구는 뜻이 같은 개인들이 모여 지구촌의 여러 문제를 해결하고자 활동하는 조직이다.'를 모두 바르게 썼다.

8 비정부 기구는 인권, 환경, 보건, 빈곤 퇴치 등 특정 분야에 관심 있는 사람들이 스스로 모여서 국경을 넘어 문제를 해결하려고 노력합니다.

[9~10] 평가 목표 : 지구 온난화의 원인과 이를 위해 개인, 기업, 국가가 실천해야 할 일을 제시할 수 있습니다.

9 지구 온난화는 지구의 평균 기온이 점점 높아지는 현상을 말합니다.

10 지구촌 환경 문제를 해결하고 지속 가능한 미래를 만들기 위해서는 개인, 기업, 국가, 세계 각 나라가 함께 노력해야 합니다.

채점 기준
(1) '가까운 거리는 자동차 대신 걸어서 이동한다.'와 (2) '이산화 탄소 배출량이 적은 제품을 개발한다.', (3) '온실가스를 줄이기 위한 정책을 만든다.'를 모두 바르게 썼다.

[11] 평가 목표 : 세계 시민이 지녀야 할 자세를 설명할 수 있습니다.

11 세계 시민은 지구촌 문제가 우리의 문제임을 알고 이를 해결하고자 협력하는 자세를 지닌 사람입니다.

채점 기준
'지구촌의 문제에 관심을 갖고 이를 해결하고자 꾸준히 노력한다.'라고 바르게 썼다.

더 알기 남북통일의 경제적 이득

개인	환경 캠페인 참여하기, 일회용품 줄이기, 친환경 빨대 사용하기, 에너지 절약하기 등
기업	친환경 제품 생산하기, 쓰레기 줄이기, 에너지 절약하기 등
국가	지속 가능한 미래를 위한 정책과 법령 마련하기 등
세계	세계 자연 기금(WWF)은 세계인이 함께 참여하는 '지구촌 전등 끄기' 캠페인 활동하기 등

단원 평가

1. 우리나라의 정치 발전

1회   204~207쪽

1 ②   **2** ①

3 예 대통령을 할 수 있는 횟수를 제한하지 않았다. / 대통령 직선제를 간선제로 바꿨다.

4 ㉠, ㉢   **5** ①, ④   **6** ②

7 ④   **8** 정치   **9** ㉠, ㉡, ㉢

10 ②   **11** ③

12 예 다수결의 원칙으로 의견을 정할 때는 소수의 의견도 존중해야 한다.

13 ㉠ → ㉢ → ㉣ → ㉡ → ㉤   **14** 주권

15 ①   **16** ②

17 예 법원에서는 법을 지키지 않은 사람을 처벌한다.

18 3심 제도   **19** ㉠ 국회 ㉡ 정부 ㉢ 법원

20 ③

---

1 ② 남성만 투표에 참여할 수 있게 하지는 않았습니다.

2 3·15 부정 선거를 저지른 이승만 정부를 바로잡기 위해 일어난 민주화 운동은 4·19 혁명입니다. 그 결과, 이승만이 대통령 자리에서 물러났고, 3·15 부정 선거는 무효가 되었습니다.

3 1972년 10월에 선포한 유신 헌법의 내용은 국민의 권리를 대통령이 마음대로 제한할 수 있는 것이어서 민주적이지 않았습니다.

> **채점 기준**
> '대통령을 할 수 있는 횟수를 제한하지 않았다. / 대통령 직선제를 간선제로 바꿨다.' 중 한 가지를 바르게 썼다.

4 ㉡ 전두환은 광주에서 일어난 일이 신문이나 방송으로 알려지는 것을 막았습니다. ㉣ 5·18 민주화 운동 당시 계엄군은 시민들과 학생들에게 총을 쏘며 진압했습니다.

5 6월 민주 항쟁 당시 시민들과 학생들은 전두환 정부의 독재에 반대하고 대통령 직선제를 요구하며 전국 곳곳에서 시위를 벌였습니다.

6 지방 자치제는 지역의 주민이 직접 선출한 지방 의회 의원과 지방 자치 단체장이 그 지역의 일을 처리하는 제도입니다.

7 오늘날 정보 통신 기술이 발달함에 따라 시민들은 누리 소통망 서비스(SNS)를 활용해 사회의 여러 가지 문제에 대해 자신의 의견을 제시하기도 합니다.

8 정치는 사람들이 함께 살아가면서 생기는 여러 가지 문제를 원만하게 해결해 가는 과정입니다.

9 민주주의는 자유를 존중하고 평등을 이루어 인간의 존엄성을 지켜 가는 기본 정신을 바탕으로 이루어집니다.

10 평등 선거는 부자인 사람이나 가난한 사람에 관계없이 누구에게나 투표권을 준다는 선거 원칙입니다.

11 양보와 타협은 상대방에게 어떤 일을 배려하고 서로 협의하는 것을 말합니다.

12 다수결의 원칙을 사용할 때 다수의 횡포로부터 소수를 보호하기 위해 소수의 의견도 존중해야 합니다.

> **채점 기준**
> '다수결의 원칙으로 의견을 정할 때는 소수의 의견도 존중해야 한다.'라고 바르게 썼다.

13 민주적 의사 결정 원리에 따라 문제를 해결하는 과정은 '㉠ 문제 확인하기 → ㉣ 문제 발생 원인 파악하기 → ㉢ 문제 해결 방안 탐색하기 → ㉡ 문제 해결 방안 결정하기 → ㉤ 문제 해결 방안 실천하기'의 순서로 이루어집니다.

14 우리 국민은 주권을 지키려고 적극적으로 노력해 왔으며, 이러한 노력이 민주주의 발전에 큰 밑거름이 되었습니다.

15 국회는 국민의 대표인 국회 의원이 나라의 중요한 일을 의논하고 결정하는 곳입니다.

16 ①은 국방부, ③은 교육부, ④는 식품의약품안전처, ⑤는 통일부에서 하는 일입니다.

17

채점 기준
'법원에서는 법을 지키지 않은 사람을 처벌한다.'라고 바르게 썼다.

18 법은 모든 사람에게 공정하게 적용되어야 하기 때문에 여러 가지 노력을 하고 있습니다.

19 우리나라는 국가 권력을 국회, 정부, 법원이 나누어 맡는데, 이를 삼권 분립이라고 합니다.

20 제시된 역할을 한 기관은 국회입니다. 전통 시장 상인들과 대형 할인점 간의 갈등을 국가 기관이 나서서 해결하는 과정에서 대형 할인점의 휴무일이 정해졌습니다.

2회 208~211쪽

1 ② → ⓒ → ⓒ → ㉠ **2** ③, ④

3 예 부당한 정권에 맞서 민주주의를 지키려는 시민들과 학생들의 의지를 보여 주었다. / 우리나라의 민주주의 발전에 밑거름이 되었다. / 세계 여러 나라의 민주화 운동에 영향을 주었다.

4 6월 민주 항쟁 **5** ⓒ, ⓒ, ② **6** 지방 자치제

7 ④ **8** ① **9** ⑤

10 ②

11 ㉠ 관용 ⓒ 비판적 태도 ⓒ 양보와 타협

12 ④ **13** ①, ② **14** ⓒ

15 예 법을 만드는 일을 하고, 법을 고치거나 없애기도 한다.

16 ④ **17** 재판 **18** ②

19 ① **20** ⓒ

---

1 3·15 부정 선거에 대항해 일어난 4·19 혁명의 결과, 이승만이 대통령 자리에서 물러났습니다.

2 1972년 10월에 박정희가 선포한 유신 헌법에는 대통령을 할 수 있는 횟수를 제한하지 않고, 대통령 직선제를 간선제로 바꾸는 내용이 포함되어 있습니다.

3 5·18 민주화 운동을 기억하기 위해 5·18 민주화 운동이 일어난 5월 18일을 국가 기념일로 지정했습니다.

채점 기준
'부당한 정권에 맞서 민주주의를 지키려는 시민들과 학생들의 의지를 보여 주었다. / 우리나라의 민주주의 발전에 밑거름이 되었다. / 세계 여러 나라의 민주화 운동에 영향을 주었다.' 중 한 가지를 바르게 썼다.

4 6월 민주 항쟁은 우리 사회 여러 분야에서 민주적인 제도를 만들고 그것을 실천해 나갈 수 있게 한 중요한 사건이었습니다.

5 6·29 민주화 선언은 대통령 직선제, 지역감정 없애기, 지방 자치제 시행, 언론의 자유 보장 등의 내용을 담고 있습니다.

6 지방 자치제가 실시됨에 따라 주민들은 지역의 문제를 스스로 해결하려고 의견을 제시하고, 지역의 대표들은 주민들의 의견을 수렴해 여러 가지 문제를 민주적으로 해결하고 있습니다.

7 촛불 집회는 우리 사회 공동의 문제를 평화적으로 해결하는 방법 중 하나입니다.

8 정치는 사람들이 살아가면서 생기는 여러 가지 문제를 원만하게 해결해 가는 과정입니다. ①은 개인의 활동으로, 정치에 해당하지 않습니다.

9 민주주의를 이루려면 모든 사람이 태어나는 순간부터 인간으로서 존엄과 가치를 존중받아야 합니다.

10 선거 관리 위원회는 선거와 국민 투표가 공정하게 이루어지도록 관리하는 기관입니다.

11 일상생활에서 부딪히는 다양한 문제와 갈등을 해결하려면 대화와 토론을 바탕으로 관용과 비판적 태도, 양보와 타협하는 자세가 필요합니다.

12 민주적 의사 결정 원리에는 대화와 타협, 다수 결의 원칙, 소수 의견 존중 등이 있습니다.

13 점심시간 운동장 사용과 같은 공동의 문제가 발생하면 그 문제에 관심을 가지고 민주적인 방법으로 문제를 해결하는 데 참여하고 실천하려는 노력이 필요합니다.

14 ㉡ 5·16 군사 정변은 군인들이 무력을 사용하여 정권을 잡은 사건입니다.

15

채점 기준
'법을 만드는 일을 하고, 법을 고치거나 없애기도 한다.' 라고 바르게 썼다.

16 ④는 국회에서 하는 일입니다.

17 법원은 사람들 사이의 다툼을 해결해 주고, 법을 지키지 않은 사람을 처벌하며, 개인과 국가, 지방 자치 단체 사이에서 생긴 갈등을 해결해 줍니다.

18 ② 법원은 정부나 국회에서 독립되어 외부의 영향이나 간섭을 받지 않습니다.

19 권력 분립은 한 기관이 국가의 중요한 일을 마음대로 처리할 수 없도록 서로 견제하고 균형을 이루게 하여 국민의 자유와 권리를 지키려는 것입니다.

20 ㉠은 국회가 정부를 견제하는 사례, ㉡은 정부가 국회를 견제하는 사례, ㉣은 정부, 국회가 법원을 견제하는 사례입니다.

2. 우리나라의 경제 발전

1회   212~215쪽

1 ①, ④

2 예 가계는 시장에서 생활에 필요한 물건과 서비스를 구매하고, 기업은 물건과 서비스를 생산해 시장에 공급한다.

3 만족감   **4** ⑤   **5** ②

6 ①   **7** ㉠, ㉢, ㉣

8 예 기업이 제품을 생산하고 운반해 수출할 수 있도록 하기 위해서였다.

9 (가) 경공업 (나) 중화학 공업

10 ①, ③   **11** ⑤   **12** ②

13 ㉢, ㉣   **14** ⑤

15 예 나라마다 자연환경과 자본, 기술 등에 차이가 있어 더 잘 생산할 수 있는 물건이나 서비스가 다르기 때문이다.

16 중국   **17** 서비스   **18** ㉠, ㉢, ㉣

19 ㉢, ㉣   **20** ③

1 기업은 사람들에게 일자리를 제공하고, 사람들이 생활하는 데 필요한 물건을 만들어 판매하거나 서비스를 제공해 이윤을 얻습니다. ②, ③은 가계가 하는 일입니다.

2 가계와 기업은 시장에서 물건과 서비스를 거래하며 밀접한 관계를 맺고 있으며, 이렇게 가계와 기업이 하는 일은 서로에게 도움이 됩니다.

채점 기준
'가계는 시장에서 생활에 필요한 물건과 서비스를 구매하고, 기업은 물건과 서비스를 생산해 시장에 공급한다.' 라고 바르게 썼다.

3 가계의 합리적 선택에서 가장 중요한 것은 만족감을 높이는 것입니다.

4 ⑤는 가계가 합리적 선택을 위해 고려해야 할 사항입니다.

5 시장에서는 물건뿐만 아니라 눈에 보이지 않는 것을 거래하기도 합니다. ② 주식 시장은 주식 거래가 이루어지는 시장입니다.

6 개인은 직업 선택의 자유, 직업 활동의 자유, 소득을 자유롭게 사용할 자유 등이 있고, 기업은 생산 활동의 자유가 있습니다.

7 ㉡ 정부와 시민 단체는 경제 활동이 공정하게 이루어질 수 있도록 기업끼리 상의해 가격을 올릴 수 없도록 감시합니다.

8 1960년대 정부는 기업이 제품을 생산하고 운반해 수출할 수 있도록 항만, 발전소, 정유 시설, 고속 국도 등을 많이 건설했습니다.

채점 기준
'기업이 제품을 생산하고 운반해 수출할 수 있도록 하기 위해서였다.'라고 바르게 썼다.

9 우리나라에서 (가) 경공업은 1960년대에 주로 발달했고, (나) 중화학 공업은 1970년대 이후부터 발달하기 시작했습니다.

10 1970년대에는 철강 산업, 조선 산업, 석유 화학 산업 등이 빠르게 발달하기 시작했습니다. ②는 1960년대, ④는 2000년대 이후, ⑤는 1990년대에 발달하기 시작한 산업입니다.

11 ⑤ 우리나라는 1960년대까지 주로 많은 노동력이 필요한 제품을 주로 수출하는 경공업이 발달했습니다.

12 서비스 산업에는 문화 콘텐츠 산업, 의료 서비스 산업, 관광 산업, 금융 산업 등이 있습니다.

13 ㉠ 가계의 소득이 증가해 여가를 즐기려는 사람들이 늘어났기 때문에 해외여행객이 늘어나고 있습니다. ㉡ 한류를 즐기는 외국인이 급증하고 있습니다.

14 ⑤ 1960년대 이후 농촌 사람들이 도시로 많이 이동해 도시의 일자리가 부족해졌습니다.

15 각 나라는 더 잘 만들 수 있는 물건을 생산하고 이를 상호 교류하면서 서로 경제적 이익을 얻습니다.

채점 기준
'나라마다 자연환경과 자본, 기술 등에 차이가 있어 더 잘 생산할 수 있는 물건이나 서비스가 다르기 때문이다.'라고 바르게 썼다.

16 우리나라의 2018년 수출액 비율과 수입액 비율이 가장 높은 나라는 모두 중국입니다.

17 몽골에 정보 통신 기술을 활용한 의료 기술을 수출하거나 중국 등에 컴퓨터 게임과 모바일 게임을 수출하는 등 우리나라는 세계 여러 나라와 서비스 분야에서도 활발하게 교류하고 있습니다.

18 ㉡ 우리나라는 2019년 10월을 기준으로 59개국과 자유 무역 협정을 맺고 있습니다.

19 ㉠ 수출을 통해 얻는 이익이 늘어나게 되었습니다. ㉡ 다른 나라에 공장을 세워 그 나라의 값싼 노동력을 활용해 물건을 생산할 수 있게 되었습니다.

20 ③은 무역 관련 문제가 아닙니다.

2회   216~219쪽

1 가계   **2** ④   **3** 천 필통
4 예 여러 기업이 생산한 물건을 직접 보고 가격을 비교하며 살 수 있다.
5 ㉢   **6** 소비자   **7** ⑤
8 예 1960년대 우리나라는 선진국보다 자원과 기술은 부족했지만 노동력은 풍부했기 때문이다.
9 ①, ⑤   **10** ⑤
11 ㉡ → ㉢ → ㉣ → ㉠   **12** ④
13 ③   **14** ②
15 ㉠ 수출 ㉡ 수입   **16** ④
17 ④   **18** ㉠, ㉡, ㉣
19 예 경쟁력이 낮은 산업을 보호하기 위해서이다. / 국민의 실업을 방지하기 위해서이다. / 국가의 안정적인 성장을 위해서이다. / 다른 나라의 불공정 거래에 대응하기 위해서이다.
20 세계 무역 기구(WTO)

1 가계는 기업의 생산 활동에 참여하고, 소득으로 기업에서 만든 물건을 구입합니다.

2 수진이는 화면이 큰 텔레비전을 고르려고 하므로 장점이 크기인 ④번 텔레비전을 고르는 것이 가장 합리적인 선택입니다.

3 천 필통의 판매량이 가장 많으므로 천 필통의 생산량을 늘려야 합니다.

4 전통 시장과 대형 할인점에 직접 가서 원하는 물건을 보고 구입할 수 있습니다.

채점 기준
'여러 기업이 생산한 물건을 직접 보고 가격을 비교하며 살 수 있다.'라고 바르게 썼다.

5 ⓒ 기업은 자유롭게 경쟁하며 더 좋은 상품을 개발해 많은 이윤을 얻을 수 있습니다.

6 기업끼리 상의해 가격을 마음대로 올리는 등 기업이 공정하지 않은 행동을 하면 소비자에게 피해를 줄 수 있습니다.

7 ⑤ 1950년대에는 다른 나라의 도움을 받아 농업 중심의 산업 구조를 공업 중심의 산업 구조로 변화시키려고 노력했습니다.

8
채점 기준
'1960년대 우리나라는 선진국보다 자원과 기술은 부족했지만 노동력은 풍부했기 때문이다.'라고 바르게 썼다.

9 정부는 철강 산업과 석유 화학 산업이 제품을 생산하는 데 필요한 재료를 만드는 산업이라 더 빨리 발전시켰습니다.

10 우리나라는 '1960년대(의류 산업) → 1970년대(철강·조선 산업) → 1980년대(자동차 산업) → 1990년대(반도체·정보 통신 산업) → 2000년대 이후(첨단·서비스 산업)'의 순서로 발달했습니다.

11 ⓠ은 2000년대, ⓝ은 1960년대, ⓒ은 1970년대, ⓡ은 1980년대에 발달한 산업입니다.

12 ①은 1980년대, ②는 1990년대, ③은 1970년대, ④는 2010년대, ⑤는 1960년대에 등장한 시대별 변화 모습입니다.

13 경제적 양극화가 심해짐에 따라 노인과 장애인, 실업자 등 사회적 약자를 위한 제도와 정책이 더욱 필요해졌습니다.

14 정현 – 환경 보호를 위해 일회용품 사용을 줄여야 합니다. 차훈 – 자전거를 타고 다니면 환경 오염을 줄일 수 있습니다. 수인 – 가까운 거리는 걸어 다녀야 합니다.

15 세계 여러 나라는 각 나라의 특징을 살린 활발한 경제 교류로 이익을 얻고 있습니다.

16 우리나라는 나라에서 필요한 원유를 전부 수입해야 하지만 원유를 가공·처리하는 기술이 뛰어나 다양한 석유 제품을 수출합니다.

17 ④ 오늘날에는 다른 나라와 경제 교류가 활발해 다른 나라에 직접 가지 않아도 외국 음식의 재료를 구할 수 있습니다.

18 우리나라 내에서 실업과 관련한 대책을 마련한 것이므로 다른 나라와 갈등이 일어나는 경우라고 할 수 없습니다.

19
채점 기준
'경쟁력이 낮은 산업을 보호하기 위해서이다. / 국민의 실업을 방지하기 위해서이다. / 국가의 안정적인 성장을 위해서이다. / 다른 나라의 불공정 거래에 대응하기 위해서이다.' 중 한 가지를 바르게 썼다.

20 세계 무역 기구(WTO)는 지구촌의 경제 질서를 유지하면서 세계 무역을 보다 더 자유롭게 할 수 있도록 설립되었습니다.

3. 세계 여러 나라의 자연과 문화

1회 220~223쪽

1 세계 지도 **2** ⑤ **3** ③

4 (1) 태평양 (2) 예 아시아, 오세아니아, 북아메리카, 남아메리카 대륙 사이에 있다. / 세계에서 가장 큰 바다이다. / 우리나라와 인접해 있다.

5 ③ **6** ① **7** ①

8 고산 기후 **9** (1) – ⓝ (2) – ⓠ (3) – ⓒ

10 ⑤ **11** ③ **12** ⑤

13 예 서로 다른 생활 모습을 이해하고 존중하려는 태도를 가져야 한다.

14 ①, ② **15** ① **16** ⓠ, ⓝ, ⓡ

17 러시아 **18** ③ **19** ⑤

20 예 나라마다 지형, 기후, 인구 등 환경이 달라 서로 필요한 도움을 주고받을 수 있기 때문이다.

1 세계 지도는 둥근 지구를 평면으로 나타낸 것이기 때문에 실제 모습과 다른 점이 있습니다.

2 디지털 영상 지도는 위성 영상이나 항공 사진 등을 바탕으로 스마트폰, 컴퓨터 등 다양한 기기에서 이용할 수 있도록 디지털 정보로 표현된 지도입니다.

3 제시문은 아시아에 대한 설명입니다. 아시아에는 대한민국, 일본, 중국 등이 속해 있습니다. ①은 북아메리카, ②는 유럽, ④는 오세아니아, ⑤는 남아메리카에 속한 나라입니다.

4 ㉠은 태평양으로, 태평양은 아시아, 오세아니아, 아메리카 대륙 사이에 있는 가장 큰 바다입니다.

채점 기준
(1) '태평양'과 (2) '아시아, 오세아니아, 북아메리카, 남아메리카 대륙 사이에 있다. / 세계에서 가장 큰 바다이다. / 우리나라와 인접해 있다.' 중 한 가지를 모두 바르게 썼다.

5 제시문은 아라비아반도에 있는 사우디아라비아에 대한 설명으로, 국경선이 단조로운 편입니다.

6 지구본을 활용하면 우리나라의 반대편에 있는 나라를 쉽게 찾을 수 있습니다.

7 ① 극지방에서 적도 지방으로 갈수록 기온이 점차 높아집니다.

8 고산 기후는 해발 고도가 높은 곳에서 나타나는 온화한 기후로, 이 기후가 나타나는 지역에서는 도시가 발달하기도 합니다.

9 온대 기후 지역에서는 일찍부터 다양한 농업이 발달했습니다.

10 냉대 기후는 러시아의 시베리아, 캐나다와 같이 북반구의 중위도와 고위도 지역에 널리 분포합니다.

11 사리가 한 장의 천으로 만들어진 것은 힌두교에서 옷감을 자르거나 바느질하는 것을 바람직하지 않게 여기기 때문입니다.

12 몽골 사람들이 왜 게르에 사는지를 조사하기 위해서는 몽골의 지형과 기후, 게르의 구조·재료·특징, 몽골 사람들의 유목 생활 등에 대해 조사해야 합니다.

13 세계 여러 나라의 생활 모습을 대할 때는 각 나라의 생활 모습이 다양함을 알고 서로 다른 생활 모습을 이해하고 존중하려는 마음가짐을 가져야 합니다.

채점 기준
'서로 다른 생활 모습을 이해하고 존중하려는 태도를 가져야 한다.'라고 바르게 썼다.

14 중국은 아시아에서 가장 큰 고비 사막과 세계의 지붕이라 불리는 시짱(티베트)고원, 동부 지역 바닷가에 있는 주요 항구 도시인 상하이가 있습니다. ③은 일본, ④는 러시아에서 볼 수 있는 모습입니다.

15 일본은 네 개의 큰 섬과 3,000개가 넘는 작은 섬들로 이루어져 있습니다. 국토 대부분이 산지이며, 화산이 많고 지진 활동이 활발합니다. ① 일본은 국토의 대부분이 산지입니다.

16 ㉢ 러시아 문자는 그리스 문자에 바탕을 둔 키릴 문자가 변형된 것입니다.

17 러시아는 대다수의 사람들이 유럽에 가까운 서부 지역에 살기 때문에 언어나 음식 문화 등 생활 모습이 유럽과 비슷합니다.

18 우리나라는 이웃 나라와 정치·경제·문화 등 다양한 분야에서 활발한 교류를 하고 있습니다.

19 사우디아라비아는 석유 자원의 수출을 바탕으로 우리나라를 비롯한 세계 각국에서 여러 기술을 도입해 국가 발전을 이루고 있습니다.

20 오늘날 교통·통신 기술의 발달로 물자 이동이 편리해졌기 때문에 지리적으로 멀리 떨어진 나라와 활발하게 교류할 수 있게 되었습니다.

채점 기준
'나라마다 지형, 기후, 인구 등 환경이 달라서 서로 필요한 도움을 주고받을 수 있기 때문이다.'라고 바르게 썼다.

1 ㉠ 적도 ㉡ 본초 자오선

2 (1) 지구본 (2) 예 세계 여러 나라의 위치와 영토 등의 지리 정보를 세계 지도보다 더 정확하게 담고 있다.

3 ⑤   **4** 태평양   **5** ④

6 ㉠, ㉣   **7** 기후   **8** ④

9 ②   **10** ③, ⑤

11 예 주변에서 쉽게 구할 수 있는 재료를 활용해 기후에 적응하며 살아가기 위한 모자를 만들어 쓰기 때문이다.

12 ①   **13** ④, ⑤   **14** ③

15 예 러시아는 대부분의 인구가 서남부 지역에 집중해 있다.

16 ㉠, ㉣   **17** ②   **18** ④, ⑤

19 ③   **20** ⑤

---

1 세계 지도와 지구본에 그려져 있는 위선과 경선에는 숫자가 쓰여 있는데, 이를 위도와 경도라고 합니다.

2 지구본은 실제 지구의 모습을 아주 작게 줄인 모형으로 실제 지구와 비슷합니다. 지구본은 세계 여러 나라의 지리 정보를 세계 지도보다 더 정확하게 담고 있습니다.

채점 기준
(1) '지구본'과 (2) '세계 여러 나라의 위치와 영토 등의 지리 정보를 세계 지도보다 더 정확하게 담고 있다.' 중 한 가지를 모두 바르게 썼다.

3 ⑤는 남아메리카에 대한 설명입니다. 북아메리카는 북반구에 속해 있으며, 북극해와 접해 있습니다.

4 태평양은 아시아, 오세아니아, 아메리카 대륙 사이에 있는 대양으로, 세계에서 가장 큰 대양입니다.

5 지도에 나타난 나라는 북아메리카 대륙에 속해 있는 캐나다입니다. ④ 오스트레일리아는 캐나다의 남서쪽에 있습니다.

6 ㉡ 세계에서 영토의 면적이 가장 넓은 나라는 러시아이고, ㉢ 세계에서 영토의 면적이 가장 좁은 나라는 바티칸 시국입니다.

7 해당 지역의 기온과 강수량 등을 기준으로 기후를 구분합니다.

8 건조 기후의 특징으로는 일 년 동안의 강수량을 모두 합쳐도 500 mm가 채 안 될 정도로 비가 내리지 않습니다.

9 열대 기후는 적도를 중심으로 한 저위도 지역에 널리 나타납니다.

10 지도에 표시된 지역은 한대 기후가 나타나는 곳입니다. ①은 냉대 기후 지역, ②는 온대 기후 지역, ④는 건조 기후 지역에서 볼 수 있는 모습입니다.

11 멕시코 사람들은 강한 햇볕을 막고 시원하게 지낼 수 있는 모자가 필요한 반면, 러시아 사람들은 추위로부터 몸을 보호할 수 있는 따뜻한 모자가 필요합니다.

채점 기준
'주변에서 쉽게 구할 수 있는 재료를 활용해 기후에 적응하며 살아가기 위한 모자를 만들어 쓰기 때문이다.'라고 바르게 썼다.

12 환경이 세계 여러 나라 사람들의 생활 모습에 미치는 영향을 조사할 때는 '① → ③ → ④ → ⑤ → ②'의 순서로 합니다.

13 그리스, 에스파냐는 남부 유럽에 있어 낮이 길며 한낮에는 매우 더워 사람들이 활동하기 어렵습니다.

14 ③ 중국의 동부 지역 바닷가에 주요 항구와 대도시가 있습니다.

15 러시아는 한대 기후보다 냉대 기후나 건조 기후가 나타나는 곳이나 평평한 서남부 지역에 사람들이 많이 삽니다.

16 중국과 일본은 지리적으로 가까워 옛날부터 서로 오가면서 자연스럽게 문화를 주고받았기 때문에 우리나라와 생활 모습에서 비슷합니다.

17 중국의 춘절에는 '복을 싸서 먹는다'는 뜻으로 만두를 먹기도 합니다.

18 ①, ③은 문화 교류, ②는 정치 교류의 모습입니다.

19 ③ 세계적인 쌀 수출국은 베트남입니다.

20 우리나라는 전체 원유 수입량의 약 85% 정도를 서남아시아(사우디아라비아 등)에서 수입합니다.

4. 통일 한국의 미래와 지구촌의 평화

1회 228~231쪽

1 ①

2 📝 광복 직후 독도가 우리나라 땅임을 국제적으로 분명히 인정받았다.

3 ①　　　**4** ⑤　　　**5** ㉠, ㉡, ㉣

6 (1) – ㉡ (2) – ㉠ (3) – ㉢　　　**7** ③

8 ㉠, ㉣

9 📝 국가들이 지켜야 하는 강력한 법이 없기 때문이다. / 다양한 사람들이 서로 다른 생각을 하고 자기 이익을 먼저 생각하기 때문이다. / 역시적으로 오랫동안 쌓인 미움과 갈등이 커서 화해하려는 의지가 없기 때문이다. / 강대국들이 과거의 잘못을 책임지지 않고 오히려 어려운 나라를 이용해서 이익만 얻으려고 하기 때문이다.

10 ③　　　**11** ④　　　**12** ①

13 ④　　　**14** ③　　　**15** ④

16 📝 온실가스를 줄이기 위한 정책을 만듦.

17 ㉢, ㉣　　　**18** ③　　　**19** ②, ④

20 세계 시민

1 독도는 우리나라의 동쪽 끝에 있는 섬으로 동해의 한가운데에 자리잡고 있습니다.

2 우리나라와 세계 여러 나라 사람들 모두 독도를 우리나라 땅이라고 인정하고 있었습니다.

3 봉우리의 모양이 옛날 관리가 갓 아래 받쳐 쓰던 탕건과 닮아서 탕건봉이라고 부릅니다.

4 안용복은 조선 숙종 때 부산 동래에 살던 사람으로 일본에 건너가 울릉도와 독도가 우리나라 영토임을 확인받았습니다.

5 남북 분단으로 우리나라는 이산가족의 아픔, 전쟁에 대한 공포, 국방비 과다 사용으로 인한 경제적 손실 등의 어려움을 겪고 있습니다.

6 ㉠ 개성 공단 가동은 남북통일을 위한 경제적 노력, ㉡ 남북 정상 회담 개최는 정치적 노력, ㉢ 남북 예술단 합동 공연은 사회·문화적 노력의 모습입니다.

7 ③ 우리나라가 통일이 되면 중국, 러시아를 지나 유럽의 여러 나라까지도 육로로 갈 수 있어 교류가 더욱 활발해질 것입니다.

8 ㉡ 나이지리아 내전은 종족 문제, ㉢ 메콩강을 둘러싼 중국과 주변 지역의 갈등은 물 자원 문제가 원인입니다.

9 지구촌 갈등은 짧은 시간에 해결하기 어렵고, 문제를 해결하려면 여러 사람이 함께 노력해야 합니다.

10 국제 연합(UN)은 지구촌 평화 유지, 전쟁 방지, 국제 협력 활동을 하는 국제기구입니다. 국제 연합에는 다양한 전문 기구들이 설립되어 있으며, 세계 여러 나라가 서로 협력해 지구촌 갈등을 해결하려고 노력하고 있습니다.

11 우리나라는 전쟁이나 폭력으로부터 생명과 인권을 보호하고 지구촌 갈등을 해결하려고 다양한 활동을 하고 있습니다.

12 간디는 영국의 인도인 차별 정책에 비폭력적인 방법으로 투쟁했습니다.

13 해비타트는 가난한 지역과 전쟁, 자연재해 등으로 터전을 잃어버린 사람들에게 집을 지어 주고 있습니다.
①은 핵무기 폐기 국제 운동, ②는 세이브 더 칠드런, ③은 국제 지뢰 금지 운동, ⑤는 국경 없는 의사회에서 주장하는 내용입니다.

14 지구촌 평화와 발전을 위해서는 지구촌 구성원 모두의 관심과 노력이 필요합니다.

15 ④는 빈곤과 기아로 어려움을 겪고 있는 모습입니다.

16 나와 우리를 넘어서 미래 세대를 위해 개인, 기업, 국가, 세계 여러 나라가 환경 문제에 관심을 가지고 서로 협력하며 실천하려는 노력이 필요합니다.

채점 기준
'온실가스를 줄이기 위한 정책을 만듦.'이라고 바르게 썼다.

17 환경을 생각하는 생산과 소비 활동은 우리의 건강과 환경을 지킬 수 있습니다.

18 ③은 문화적 편견과 차별을 해결하기 위한 노력입니다.

19 세계는 계속 가까워지고 있는데 서로 다른 문화를 존중하지 않고 자신의 문화를 기준으로 판단하기 때문입니다.

20 세계 시민들은 지구촌의 문제에 관심을 갖고 이를 해결하고자 꾸준히 노력하고 있습니다.

1 ②　　　　2 ②　　　　3 ③
4 ㉡, ㉢, ㉣
5 예 국방비가 줄어 남은 비용을 국민들의 삶의 질을 높이는 곳에 사용할 수 있다. / 북한의 풍부한 자원과 남한의 높은 기술력을 이용하면 경쟁력 있는 제품을 만들 수 있다. / 철도를 이용해서 외국과 더욱 활발하게 교류할 수 있다.
6 개성 공단　　　　7 남북 기본 합의서
8 ⑤
9 예 문제가 심해지면 살 곳을 잃은 사람들이 다른 나라에 도움을 청하는 등 상황이 주변으로 번지기도 하기 때문이에요.
10 ②　　　　11 ①　　　　12 이태석 신부
13 ①　　　　14 ④　　　　15 ⑤
16 ④　　　　17 ㉠, ㉡, ㉣　18 ㉡
19 예 지구촌의 다양한 역사와 문화를 배우고 체험할 수 있는 여러 행사를 연다. / 편견과 차별을 극복하고 다양성을 존중하는 교육 활동을 한다. / 편견과 차별을 함께 해결하기 위해 상담을 지원하고 필요한 도움을 제공한다. / 서로의 문화를 존중하고 공감하는 사회를 만드는 캠페인, 홍보 활동 등을 한다.
20 ④

1 일본은 독도가 자기 나라 땅이라는 억지 주장을 하고 있습니다.

2 ③ 독도가 옛날부터 우리나라의 땅임을 알 수 있는 옛 지도로는 「팔도총도」, 「일본대전도」 등이 있고, 옛 기록으로는 『세종실록지리지』, 대한 제국 칙령 제41호 제2조, 연합국 최고 사령관 각서 제677호 등이 있습니다.

3 독도는 오래 전 화산 활동으로 만들어진 섬으로, 동도와 서도 두 개의 섬으로 구성되어 있으며, 경사가 급하고 대부분 암석으로 이루어져 있습니다. ③ 독도는 경사가 급하고 대부분 암석이지만 다양한 동식물이 서식하는 생태계의 보고입니다.

4 ㉠ 정부는 독도를 지키기 위해 독도 경비대원에게 독도를 지키게 하고 있습니다.

5 남북통일이 된다면 남북한의 자원을 효율적으로 사용할 수 있으며, 한반도의 지리적 장점을 살려 나라를 발전시킬 수 있습니다.

> **채점 기준**
>
> '국방비가 줄어 남은 비용을 국민들의 삶의 질을 높이는 곳에 사용할 수 있다. / 북한의 풍부한 자원과 남한의 높은 기술력을 이용하면 경쟁력 있는 제품을 만들 수 있다. / 철도를 이용해서 외국과 더욱 활발하게 교류할 수 있다.' 중 한 가지를 바르게 썼다.

6 개성 공단의 가동은 통일을 위한 경제적 노력의 모습입니다.

7 1970년대 들어 남북 교류의 움직임이 나타나기 시작했고, 1991년에 남북 기본 합의서가 채택되었습니다.

8 나이지리아는 1960년 영국으로부터 독립했지만 언어, 민족, 종교가 서로 다른 250여 개의 종족들이 서로 협력하지 못했습니다.

9 지구촌 갈등의 문제는 갈등을 겪는 지역뿐만 아니라 다른 여러 국가와 연결되어 있어 짧은 시간에 해결하기 어렵습니다.

10 세계 여러 나라들은 서로 연결되어 있으므로 우리가 지구촌 평화를 지키는 노력을 시작한다면 지구촌 평화를 위한 힘이 될 수 있습니다.

11 유네스코(UNESCO)는 모든 이를 위한 교육, 인류에 기여하는 과학, 문화 교류를 통한 국제 협력을 합니다.

12 이태석 신부는 국적과 종교를 넘은 희생과 봉사로 지구촌 평화를 위해 노력했습니다.

13 ①은 국제기구에 대한 설명입니다.

14 국제 앰네스티 누리집에서 인권 존중을 위한 편지 쓰기에 동참할 수 있습니다.

15 사람들의 필요에 따라 개발이 이루어져 아마존 열대 우림이 급속도로 파괴되고 있습니다.

16 ④는 지구촌 환경 문제 해결을 위한 기업의 노력입니다.

17 환경을 생각하는 생산과 소비 활동은 자원을 절약하고 환경 오염을 줄임으로써 지속 가능한 미래를 이룰 수 있습니다.

18 아프리카(ⓛ) 지역에서 영양 결핍 인구 비율이 높게 나타나고 있습니다. 그러나 유럽(㉠), 오세아니아(ⓒ), 북아메리카(ⓔ) 등에서 영양 결핍 인구 비율이 낮게 나타나고 있습니다.

19 서로 다른 문화를 존중하지 않고 자신의 문화를 기준으로 함부로 판단하는 한 문화적 편견과 차별이 계속될 것입니다.

> **채점 기준**
>
> '지구촌의 다양한 역사와 문화를 배우고 체험할 수 있는 여러 행사를 연다. / 편견과 차별을 극복하고 다양성을 존중하는 교육 활동을 한다. / 편견과 차별을 함께 해결하기 위해 상담을 지원하고 필요한 도움을 제공한다. / 서로의 문화를 존중하고 공감하는 사회를 만드는 캠페인, 홍보 활동 등을 한다.' 중 한 가지를 바르게 썼다.

20 ④ 나의 행동이 지구촌 환경 문제에 영향을 미칠 수 있다는 것을 알아야 합니다.